新荒漠甘泉・處世經典集

三分鐘
默想

弦月如歌〔主編〕

前言

Preface

　　有人說西方的文明都來自於聖經，因此幾千年過去了，科技已經進步到匪夷所思的地步，而聖經的指導依然鑿痕深刻，最簡單的例子是，在新舊總統交接時要在聖經的見證下，在法庭上的證詞也要按著聖經發誓！因此，聖經的法則就是人類的準則。

　　對大多數人而言，「三分鐘」是很短暫的——短得一轉身就不見了；不但使人輕忽，也容易讓人忘卻。或許由於一天二十四時中，可以分成四百八十個三分鐘，所以人們毫不吝惜的讓它在指縫中悄悄溜過。結果，生命中無數的「三分鐘」都是一片空白——白白浪費掉，什麼也沒做！

　　其實，真正有智慧的人，都會把每個三分鐘都當作一生來使用，每天三分鐘也足夠讓他去完成一些重要的事情。相

信嗎？由於三分鐘的作用，讓人茅塞頓開，心靈豁然感受的啟蒙。三分鐘看一篇隨手翻閱的勵志短文，清明的心智也因此思考出寶貴的人生指南。我習慣每天出門之前，都會隨手先看一篇小短文，如此整天都會有激勵作用，讓自己充滿幹勁，做好今天該做的每一件事。

《三分鐘默想》不是說教的書，她是一本可以審視自己內心世界的指南。尤其是對於生活在高水準物質之中，卻隱藏了無限精神與低度尋求感官刺激的社會現象而言，越發顯得讓人受用無比。書中的一字一句，都是中外智者經驗與智慧的結晶。內容涵蓋了現代人的各個生活層面，都是我們所失落、被蒙蔽已久的真知灼見……

親愛的朋友，當您在面對下一個緊接而來又即將消逝的三分鐘時，何妨暫停汲汲營營而匆忙的腳步，淡定側耳聆聽智者清明的心靈之音？

懷著嘗試再度點燃希望之火的心情，我們每個人都會思考，因此期待《三分鐘默想》的潛藏力量，能提供您另一扇窗，藉由中外智者經驗與智慧所淬煉出的諍言，使之能牽引我們徬徨的心，擦淨矇塵的眼，照亮未來的路。

目
錄
Contents

Chapter

1

人間之道

　　每個人都不是永遠不會改變的；有時為了幫助一個人向善，我們必須犧牲自己。

——聖·齊克丘培里

　　犯罪者儘管現在是罪人，但是，他日後會變得如何，並不是現在馬上就能看得出來的。

　　在教室裡的頑劣孩童，雖然現在他的行為不好，但如果我們能夠耐心地教導他改過向善，那麼，他的未來也許會很有前途，說不定就是個大人物……

　　輕佻的年輕女孩令人生厭。長大後，她但也許會成為一個相當優秀的女明星，說不定會揚名國際呢……

　　人類的生活就是這樣不停的轉換。如果你看過某位改變宗教信仰者的傳說，那麼相信你就能夠了解這個說法……

　　如果現在我所說的，你能夠了解，而且能把眼光放遠去好好思考的話，那麼你就應該為了某種義務而犧牲自己……

做出偉大行為的人，不見得會被所有的人喜歡。

——索倫

想要讓所有的人都喜歡你，想要滿足所有的人，若抱持著這種理想，那是錯誤的。這是連神都不可能辦得到的。所以在世界上也有人會憎恨基督教，因此教會在任何地方，都很可能擁有敵人⋯⋯

在任何場合都要利用一切機會來行善，這是無庸置疑的事。但是當我們行善時，惡也會出來搗蛋，因此我們更應該懂得如何明辨是非與善惡。

犯了錯誤就必須坦率承認，但也不要太在意別人的想法。因為人與人相處，不可能沒有一點的陰霾或間隙。事事要做到十分圓滿，符合各界的要求的地步，這種想法根本就是妄想。我們應該要有一種覺悟，不管自己做得再好，在不知不覺中都可能會樹立敵人。

但是，我們不要讓敵人繼續增加。要忍耐、謙遜，最重要的是要抱持著愛心，來對待每一個人。

任何人都有模仿猶大之吻的嘴唇。

——班森

這是很可怕的一句話，但卻是真實的。

儘管我們勇敢正直，能夠抬頭挺胸向前走，但也不要忘記當抬頭挺胸時，利箭或子彈也有可能會射穿我們的胸膛。這點不可以不知道，即使對於宗教生活也是如此……

儘管救世主的血洗滌了我們的罪惡，而且救世主時時保護著我們。但如果我們忘記了人類原本的脆弱，那就會變成很危險的一件事了。

在我們的內心中，有神和人性的脆弱這兩種東西，它們有時也會造成悲劇。像耶穌的門徒受到他人的蠱惑，最後竟然把師父口中所傳述的神給出賣了。所以除了相信神之外，我們也不要忘了人本身有脆弱的本質。因此，要時刻警戒，更要時時不忘謙虛。

（編按・猶大係聖經中最後晚餐十三個人的其中一個出賣耶穌的人，此後「猶大之吻」就是指出賣朋友的人。）

二十歲以前的人，想把不好的一切燒光。四十歲以後的人，則想當個滅火的消防隊員。

——佚名

在這兩者之間的年齡層，又有些什麼呢？

年輕的時候，每個人都是最偉大的革命家，他帶著能燃燒所有人心的火炬，想要摧毀一切、改革一切……像是想要把這個腐敗的世界燒光。

可上了年紀以後卻開始珍惜起，人生的點點滴滴，甚至有些看起來根本微不足道……

夜裡看、遠遠看、傘下看。

——日本諺語

　　在初夏黃昏的小徑上，有一位從遠處走來的沉靜女性，她的臉龐若隱若現看不清楚。她撐著一把傘，傘下女人的臉在夜裡看、距離遠一點看，或在傘下看，都會覺得很美。

　　一個人的臉，是由三種美所組成的，那就是：自然美、人工美以及內在美。

　　自然美是上天所賜予的恩惠。如果妳的內心深處也能同時擁有內在美，那麼妳的美就更能夠閃閃生輝了。而如果妳把頭髮染得很美，或是穿上漂亮衣服讓人覺得很美，這些只不過是人工美罷了。

　　有的人外表看來純潔無瑕，其實內心卻非常腐敗。

　　當照鏡子時，原本長得美的人，不可以因為自己美麗而忽視了應有的生活態度；而如果是長得很醜的人，只要心中充滿美德的光輝，就能使醜陋消失無蹤！

如果我們的希望只限於這個世界，則我們將是所有生物中命運最悲慘的。

——索倫

人類以外的動物所持的希望是非常有限的。只要能夠吃飽、喝足、跑跑跳跳，以及繁衍子孫就滿足了。

如果我們不希望自己的生活低落到這種地步的話，就應該拒絕每天壓在身上使人窒息的無謂煩惱。如此一來，就會感覺到煥然一新、希望無窮。

如果瀕臨死亡前還抱持著希望，一直想要永遠愛自己所愛的人，一心一意想追求完美無缺，並與身邊的人和平共處——如果沒有來世的話，而還一直抱持著這種希望，那我們豈不是世界上最悲慘的生物……

因此，我們要相信神，相信來世，相信永生。

經驗有如寶石一般。

——莎士比亞

　　幸福的經驗，或不幸的經驗，都有很高的價值。對我而言，他們就像價值連城的美麗寶石一樣。

　　人類的生活就是許許多多經驗的累積。

　　在小河邊玩著堆積砂石做為河堤的孩子，他們也許是正在做新實驗的小小科學家呢！

　　對我自己而言，我是否有嘗試各種經驗的勇氣，或者是有利用他人經驗的聰明才智呢？

神，在這個世界並沒有為我們送來天使，而是為我們送來了人類。

——紐曼

許多人看見自己的周圍，無論是基督徒或是從事聖職者，在他們自己的生活中，並無法證明他們負有為神傳播福音的使命。看到這一點也許會讓人感到很是驚訝。

其實這些人並不是神為我們送來的天使，而是神為我們送來的人類。所以，在這個世界上生活的人，不論是誰，都沒有平凡或是聖賢之分，每個人都有可能面臨到陷阱。只是有人還不太了解這一點。

如果在精神上已經是一個成熟的人，那麼他就能了解到，做為一個使者和做為一個事事得聽別人意見的人，是不同的。因此對於某些人的做法，雖然不見得會贊成，但是卻能夠了解、諒解，而且會自己去設法尋求補救。

在所有的可能中，要選擇最好的！

——德拉沙爾

我們常會徘徊在十字路口，對於我們的思想、行為、言語，常常有各種不同的道路在我們面前展開，一時間，讓我們無從選擇……

當然，我們應該要避免走向不好的路。

為什麼呢？因為不好的路會引導我們走向非人類的生活。可是如果我們要找尋更好的道路，那也不是一件容易的事。去找尋一條好的道路，正是身為人類的我們，最重要、最徹底的使命。但對於這個使命，我們到底又知道多少、了解多少呢？

人類一邊推著小石子，為自己鋪出一條道路來；而事實上，也正在幫助其他人一起創造整個世界。

——聖·齊克丘培里

如果我們能感覺到自己正和其他人一起創造大事業，那麼就會盡己所能、全心全力地去做……

儘管自己的任務是那麼渺小，但為了創造更好的世界，而能夠盡自己的力量堆積自己的石頭，那麼……

如此一來，不論我們的任務是多麼的微不足道，也不會有不公平的事發生。因為這是一個利己利人的事情，能夠使我們狹隘的地平線，不斷伸展開來……

我是否常常感受到自己是為了創造一個世界而努力呢？

我是在創造怎樣的世界、跟隨著誰的計畫、在誰的引導下而去做呢？

Chapter 1 │ 人間之道

如果想要別人了解你，那麼你就必須先和他人站在同一線上。

—— 貝爾那諾斯

不要對小孩用哲學的語言和他說話；不要在窮人面前誇耀自己的財產；不要在軟弱的人面前表現自己的力量；不要在飢餓的人面前舔舐舌頭，做出剛剛吃過美味食物的樣子；不要在殘障小孩和他的母親面前，對他們說你曾經去登山旅行等等的話⋯⋯

要做到上述幾點，先決條件是要有細密的心思。為了要能了解他人的狀態，必須要小心謹慎。在沒有羽毛的人面前，不要故意伸展開你那有如孔雀般美麗的羽毛，要懂得謙遜⋯⋯所有的基督徒，都負有繼承主的事業的任務，他必須要把自己和他人放在同一水平上，這樣才能夠讓別人了解他是主的代理者，讓人家能夠肯定他⋯⋯

「我和異鄉人在一起，我也成了異鄉人。」

這是聖·保羅說的話。而我對待鄰居的態度又是怎樣的呢？我到底是在欺侮他們，或者是在幫助他們呢？

惡魔最痛恨的就是正直。

——布希卡里

　　如果每個人都能夠坦率的表達出自己的意見，承認自己的錯誤，以及說明自己的意向，那麼在這個世界上就應該更容易生存。

　　如果真是這樣，人們就不必把自己的感情、憤怒或謊言藏在陰暗的森林裡，而能夠居住在值得信賴的太陽所照耀的平原上。

　　但是我們往往無法主動的坦率表達，卻期待他人能夠做到這一點。而他人不也正期待我們這樣去做嗎？

　　惡魔在污髒的水裡容易獲得獵物。

　　因此他時常搗亂我們的精神，希望我們把願望隱藏起來，或者把我們的意向不十分明確的表達出來。

　　我對於親人、朋友、老師或他人是否真實呢？

　　尤其在我告解的時候，我是誠實的嗎？

背叛自己身體的人，也會背叛自己的心。

——佛蘭斯・威爾岡斯

　　我們習慣把人分成身心兩部分，但事實上這和神的計畫並不相吻合。

　　人類應該是一體的……而之所以會產生背道而馳的情形，都是由他的心理開始，或是從他的計畫、虛榮心，以及他的頑固中產生的……

　　有時身體應該休息了，但是卻不能在適當的時機終止活動。像這類的人很多，而他們的理由通常是為了賺錢，這是因為虛榮心在作祟……

　　我真的能夠在適當的時機，知道自己的身體應該要有合理、適度的休息嗎？

　　通常會產生反叛心理的就是身體，會吃大量的食物、抽菸喝酒，會做過多的玩樂等對身體不好的事情；有時也會不去追求心靈之愛，而單純的想要享受肉體上的快樂……

三分鐘默想

　　我們應該要學習神的達觀，了解人類並不是和我們想像的完全一樣。

──威優

　　我們通常會認為自己是完全的人類，夢想自己擁有一個完整的世界……但是以前曾有某位智者說過：「人類對人類而言，就像一匹狼。」這句話你是否同意呢？

　　若果真如此，那麼神是怎樣看待人類的呢？會認為人類這個原是自己所創造的東西，已經變得和他所想的完全不一樣了嗎？或者他認為人類完全辜負了自己的期待，使得祂不得不反對人們的做法了呢？

　　在神的眼中，我是什麼樣的一個人呢？我是一個完美的人、令神喜悅的人，喜歡休息的人？或者是一個忘恩負義、懶惰的人？還是一個遇事臨陣脫逃的人呢？

　　主啊！對於您所付出的忍耐，我只有感嘆萬千。

　　我希望能夠向您學習──人與人之間相處的道理。

　　如果在一個國家之中，好人和壞人擁有相同的權利，那麼這個國家很快就會滅亡了。

—— 魯斯威爾特

　　不僅對一個國家，就算對所有的團體而言，也都可以用以上這句話來證明。

　　如果在一個團體中，有人站起來大聲疾呼，要創造更偉大、更進步、更現代化的社會，因此希望大家能夠團結起來。如果真能這樣，這一個集團會是怎麼樣的集團呢？

　　事實上，只要有兩、三個年輕人團結起來，就能夠抵抗一切的落後或停頓……

　　在集團中，我是扮演什麼樣的角色呢？

　　我是跟著別人的腳步前進，或者是一個領導者呢？

　　我是否能夠和別人的手挽著手，一起努力去改變應該改變的事物呢？

　　一張站在我們面前和我們相似的臉蛋，其中到底隱藏著什麼祕密呢？

——路易士‧拉威爾

　　一個人站在我的面前，我只能看見對方的臉，卻看不見我自己的臉。一個人的臉，到底隱藏些什麼呢？

　　祕密——就是引導我們能夠找尋到神的祕密……在一張看起來平靜的臉，也許正隱藏著很深的苦惱。

　　有的人心中雖然想哭泣，但臉上卻帶著微笑；有的人臉上表情看似毫不關心，而事實上，他卻十分熱心的期待著我們能有一顆虔敬的心。

　　有的人在言談中差一點就要說出錯話，卻能夠及時煞車，沉默不語；還有的人自認為是無神論者，而事實上，他卻每天一心一意在追求真理！

　　人跟人之間都帶有關聯性；一個人損壞的東西，可以經由他人來加以修復。

——布倫帝爾

　　人類相互之間都具有連帶責任和關聯性。

　　棒球和足球比賽不也正是如此嗎？在比賽中如果有一個人失敗了，那麼其他的人就可以上來支援。對於最後所獲得的成績，不管是誰都不能說：「這和我完全無關！」

　　人類在剛開始時，就是一個成功與失敗、善與惡不斷循環的共同體。我們大家都是這個共同體的一員，都在盡我們應盡的任務。這就好像接受洗禮的人，事實上，都是獲得了聖人的功德一樣……

　　如果能有這種思想，那麼就能夠深切了解到，許多男女為了要贖他人的罪過而捨棄了這個塵世，去過修道的生活，這就是他們為人類所做出的犧牲。

　　你來到世上不只是為了演戲，而是為了成為一個真實的人。

—— 嘉林德

　　演員，就是模仿所扮演的人物的情感和態度的人。這也就是我們所謂的戲劇的角色。

　　但是在路邊、會議、家庭、社會中，有許多男女也都在扮演著類似戲劇的角色啊！

　　我們每一個人在自己的人生中，都能夠扮演喜劇或悲劇的角色。有時對自己或對別人，要想做到真實，那是何等的困難啊！

　　我自己在什麼樣的場合裡是在演戲呢？

　　我是不是應該變得更為真實與單純呢？

　　主啊！有時候我對您也是在演戲呢！

　　要拋棄使自己看起來像什麼樣子的想法，而專心一意的發掘真實的自己。

——尼克雷

　　人類往往並不是這個樣子，而為了要讓別人看起來像個樣子。因此花費了許多的時間和金錢，這些花費是無法計數與想像的……

　　希望看起來更聰明、更美麗（借助流行的服裝、化粧、美容整形）以及更有錢……希望更瘦更苗條，或者希望看起來更高大挺拔……

　　說白了，你在乎的只是別人對你的感覺，而不是你自己對自己的感覺。

　　當你想要讓別人看起來是什麼樣子的時候，而你本身的「自我」就開始消失了。因此，你根本忘記了自己，而一味的去做你自認為重要的大事。注重表面功夫，而忘記了實際的內容……像這樣的人，在這個世界上到底還擁有什麼呢？

　　有的人一定要依賴溫度計，才能判斷天氣的冷熱。

──卡斯達

　　在現代有些人完全喪失了擁有個人意見的能力。他們所主張或所否定的事，完全是仰賴他人而來的。

　　例如，看了報紙以後，就不懷疑報上的言論，認為這是事實；一個交情好的朋友說的話，他就認為事實就是如此；或者聽到收音機裡說的、電視上演的，就認為是事實。

　　類似這樣的事情層出不窮。例如，有的人在買東西時，並不實際去看或先使用後再買，而是依靠著廣告來決定。買了以後，也許東西不能夠達到自己的需要，但他還是認為在廣告上說過的就會有那種功能，而無法理喻。

　　但丁曾語重心長的說過一句話：「不要像一群沒有智慧的羊群，而要做一個堅強的人。」

　　成為一個好人，是比乘坐大帆船橫渡大西洋還要
勇敢的大冒險。

——齊斯塔敦

　　乘坐大帆船橫渡大西洋，的確是很大的冒險。

　　但是有比這個還要難的，那就是不管是在好的時候或是
不好的時候，都要盡力成為一個好人。

　　不論是對兄弟姊妹、親戚、朋友，甚至對敵人，都要表
現出是個好人……就好像神一樣的善良。

　　從今天開始，我也希望能夠從事這項大冒險。

井底之蛙，從來不知大海的遼闊。

——中國俗諺

在小小的井中（就像在一個固定的社會階層模式中）過自己的生活，在世界這個大漩渦中只會明哲保身。在自己的範圍內只想保有自己利益的人，已經不算是一個人了，而只能算是一隻青蛙了。

只想到自己所處的一灘小水，而不知道大海的遼闊。縱使告訴他在物質上、精神上有所缺乏，或是歷經艱難困苦人們的事情，他也毫無所知，一點也不願意去體會、去了解。

對於身邊周遭人物的不幸，或是對於全世界人類的各種關懷，我又是表現出什麼樣的反應呢？

我像井底之蛙一樣毫不關心他人嗎？

或者是——

我是一個能夠了解人類的真正人類？

在有人想要賣掉自己的地方，一定也會有想要購買他的人。

——拉・科爾第爾

生活愈進步，人們就會將自己賣掉來換錢。

為了想要得到高的地位，甚至會犧牲信仰；為了想要賺更多的錢，會對雇員或勞動者的辛苦付出給予踩躪踐踏；為了想要剝奪已經失去自由的人的愛，也有可能會使他人慘遭不幸。如此就是你出賣了自己。

所謂的出賣自己，就是把自己的自由意識、善良人格全都捨棄了，變成一個沒有靈魂的人。基督來到這個世界上，就是為了要我們能夠得到真正的自由。

但是，我是否把自己給出賣了呢？

我是否有做出，出賣自己的事呢？

我賣給了誰？我賣了多少錢？

　　謙遜、正直的石匠的一生，比做出污染人心作品，而獲得大獎的藝術家的一生更優秀。

——威耶貢

　　在一個文學大會上——隸屬於這個大會的文學家，如果你認為他們都是具有良知的人，那麼你就大錯特錯了——有些文學家的作品獲得大獎，被女性爭相閱讀，這實在是一件值得感嘆的事。

　　在這個風潮下——也其是年輕女性們——她們一直夢想著獨立和自由。因此，她們在不知不覺中成為一個惡人——也就是作者——的奴隸而不自覺。當那個作者學狗叫了一聲，他們也會跟著吠了好幾聲。

　　我覺得在你選擇閱讀一本書時，至少應該要帶著智慧和挑剔的眼光。要選擇一本你真正想讀的書才好。不要欺騙自己的良知，也不要依賴他人的判斷去做事。

　　任何人都會犯錯，如果每次犯錯都能承認自己錯誤的人，才是勇敢而偉大的人。

——富思奈爾

　　凡事總認為自己是對的，這是一種很難對付的人。

　　不過，仔細想想，我自己是不是也是這種人呢？

　　在這一天過完以後是不是會加以反省？今天我到底做了幾次錯誤的事呢？

　　「我從來沒有犯過錯誤！」有一個女孩這麼說。「這是你的錯！」她會這麼辯解，而且抬頭挺胸，毫不畏懼。

　　這種人看起來似乎難以應付，實際上，她卻是可憐的女子。不只是對女人而言，就算是男性也不要太過自滿才好。像這種男性，我就認識一個。不管是誰都是一樣的。如果有人說他的前途是光明的話，那都只是騙人的謊言罷了。

　　造成人類差別的不是身分的問題，而是看你如何去對待別人。

—— 波爾

　　一位有錢人的千金，對於傭人有這樣的說法——

　　「那個人只不過是個微不足道的傭人而已！」

　　但是，她自己又是什麼呢？每天讀言情小說，時常細數著自己所崇拜的男性、一天足足睡上十二個小時……

　　她根本不了解什麼是真正的生活；她只不過是雙親羽翼下的寄生蟲罷了。

　　在神的面前，真正優秀的人並不是她，而是辛苦的傭人。相反地這個傭人也許會認為，這個千金也只不過是個微不足道被寵壞的丫頭罷了！

　　你一定也認識像這樣的人吧！

從不多言，但是在暗地裡卻做了很多事情的人，其內心深處比他所表現的，更想成為優秀的人。

——休利芬

我們看看一個年輕的運動健將，在運動場上他是一個表現得很好，為人所稱道的優秀選手。但是，他的道德生活卻不見得是如此。

一個被大家所喜歡的女性，她是一個長得很漂亮的人，她的姿態也很優雅。崇拜的人，都認為像這樣的美人，私生活一定也很端正。可是她真的像人們私底下所稱讚的嗎？

事實究竟如何呢？宣傳手法也許說得天花亂墜，甚至配上霓虹燈點綴，可是賣出來的東西卻是非常粗糙，與宣傳完全不相符合。

而我自己又是怎麼樣的呢？人們對於我又是怎麼樣的評價呢？而事實上又是如何呢？

一個人的價值判斷，在於他對女性能夠抱持多少尊敬的觀念。

——赫爾曼・克雷斯

首先，必須尊敬母親，因為我的生命是母親所給予的。

我到底對母親尊敬多少？又愛她多少呢？

接下來要尊敬所有的女性，因為她們不論在精神上或肉體上，都負有成為母親的使命。

我對於這些女性是怎樣的批評她們，又抱持著什麼態度呢？更進一步，是必須對自己的妻子尊敬。她並不是下女，而是一個能夠跟你分擔歡樂與痛苦，陪伴你一生的朋友。

面對自己，要對自己坦率。

——里約提

實際上，要欺騙自己是困難的，但使人感到意外的是，這種事情卻老是層出不窮。

如果覺得照亮你良心的光太亮的話，那麼你就可以用魔術的手法，在光芒上罩上一層厚厚的斗篷，這樣你就看不見良心的光了。

但，這不就是人類對自己的欺騙嗎？

我在告白的時候對自己坦白嗎？如果對自己都不能坦白的人，又如何能對神誠實呢？同樣的，你也不能對鄰居或親人誠實了。

「成為照亮他人的光芒！」主曾經這麼說過。

是的，要成為光芒，首先必須先照亮自己。

從世界的一端走到世界的盡頭⋯⋯到處都是人。

——彼耶爾神父

　　不管社會的功能或膚色，一心模仿神、追隨神的就是人類。人類以基督為模範，而在心中規劃出神的模式。

　　基督懷抱著愛，注視著身心都被病菌感染的人類。人類從基督那兒獲得了新的生命和鮮血，他們都是神之子。

　　我希望像神一樣、像基督一樣，像教會一樣。

　　不要管民族、國籍，以及社會上的活動。只希望能夠成為一個謙遜、滿懷愛心的人。

　　我們會嚴厲的批評他人，是因為我們往往把自己的生活，看作是一種理所當然的樣子，而不會反省自己，只會指責他人。

——布倫帝爾

　　當怠惰時，我們會辯解說，這是性質不合、氣候不好、環境太亂，或心情不好所致……

　　例如，考試考得不好，或者不想唸書時，我們就會推說頭痛、心情不好，找出各種理由來搪塞。

　　有的人如果考試失敗了，知道自己是因為懶惰、不用功，臉色就很難看，可是卻依然故我，任性而為。

　　像這樣，不管他人有什麼看法，一意孤行，照自己的想法去做的人，是永遠不會成功的。

　　我想，如果你覺得自己的判斷是正確的，而且對於自己的想法很喜愛的話，那麼你就應該要有坦白的勇氣。

百聞不如一見。

——中國俗諺

　　有的人一見面就能給人家深刻的印象；有的人是以他滔滔不絕的雄辯，或是他的著作給予人深刻的印象。從這裡我們也能發現電影、電視帶給人們的影響力。

　　在心靈上的生活也是如此。對於基督徒而言，他們的言語還不如他們的行為，更能夠給予人們強烈的印象。我們所信奉的主，他能夠被廣大的群眾所尊崇，並不是因為他的言論，而是因為他的行為。

　　跟我接觸的人，對我抱持什麼樣的看法呢？認為我是一個自私自利的人，還是服務人群的人？是溫和的人，還是易怒的人呢？

　　主啊！我必須把自己表現在他人面前的形象改變。因為那個形象並不是您所期待的。

　　人類如果離人子的境界愈遠，則愈不能成為一個真正的人類。

——安德烈・莫洛亞

　　這是從基督那兒得到證言的一位著名作家所說的話語。永遠都是神之子的基督，仍能夠不厭其煩的稱自己為人子。

　　一個人如果能夠離人子的距離愈來愈近，則就能夠成為完全的人類，能夠回到神的身邊。可是，如果距離人子愈來愈遠的話，那麼這個人就失去了他的偉大和價值，只不過是個毫無理性的動物罷了。

　　隨著唯物論、資本主義、共產主義、存在主義的形成，人們也成為物質產業和快樂的機械。

　　這就是自動化的今日世界。

　　主啊！請您不要讓我離您愈來愈遠。

五根手指都不會一樣長。

——中國俗諺

　　如果五根手指都是同樣的長度、同樣的胖瘦、長在同樣的地方，那麼會變成什麼樣子呢？如果都是一模一樣的手指，則這隻手大概就不能發揮功能了。

　　每一根手指都有它自己的任務，共同合作，才能產生不同效率。人類也是一樣的。

　　如果所有的人都有同樣的特徵、職業、身分，過同樣的生活，那麼就不能建構一個繁榮的社會。

　　人類有各種不同的特徵、傾向以及能力，才能夠互助合作，共同創造一個光明的社會。

　　一眼看去很不起眼的東西，但也許就是不可欠缺的一環，也能夠發揮其功能，貢獻給大家。

請大家不要站在門口，請往裡面走。我馬上就要下車了……

——岸田國士

一定有很多人聽過這樣的話語，也許你自己就說過這樣的話。這些話都是以自我為中心，沒有考慮到他人而說的話。一個人只想到自己，但是他可能根本看不到自己。也就是說，一個人自我意識過強，但事實上，他卻欠缺對自我的深刻認識。

當你想要比大家先上、下車，當你有了這種自私的意識時。這時，你應該靜靜的想一想，而且必須按捺住你過剩的自我意識，讓其他的人先行一步上、下車。

我想對各位說的是，如果你想要戰勝自己的自私，那麼當你在搭車時，拜託你遲一步上車、早一步下車吧！

人類的價值與他的思想成正比。

——雷奧・布洛亞

　　在我周圍的許多人，對於偉大的看法都是錯誤的……

　　他們有的人擁有別墅，或擁有進口轎車，便認為自己勝過他人；有的人認為自己的大衣比鄰居的漂亮，認為自己的生活品質比朋友要強，因而認為自己的經濟能力比別人好；有的人認為自己的體力很好，自己的腳程比別人快，所以就認為自己比其他的人優秀；自己所穿的衣服很漂亮，能夠引起別人的注意，或是認為自己很性感，以為這樣就能夠勝過別人……

　　但事實卻非如此，人類的價值是依各自的想法而定的。

　　不僅是運用頭腦的程度深淺而已，最重要的在於——是否能夠永遠的和愛的思想相結合。

人類的世界是發自於內部的。

——聖·齊克丘培里

　　大部分人所誇耀的世界，只是表現在自己外表的。為了要從別人那兒獲得高的評價，因此他會拿出外在物質的東西來誇耀。

　　可是，外在物質的世界，是很快就會消失的。

　　真正的世界乃是發自內部，也就是精神和心靈。這個世界有各種不同的層面，如果你在各方面都能夠做得很好的話，則這個世界將是多麼的美好啊！

　　正確的意向、高貴的感情、對他人的寬大、對自己有承認錯誤的勇氣、美好的希望等等，這些都是世界的珍寶！

　　那麼我自己的願望，又是放在什麼世界中呢？

　　如果我的世界不是屬於內在的世界，那麼我將是一個多麼輕薄、愚蠢的人啊！

　　沒有權利的人是辛勤替人工作的野獸；沒有義務的人則是猛獸、怪獸。

——德拉·耶謬

　　如果把所有的權利都讓給國家，那麼人類只不過是扛著許多重擔的野獸罷了。如果要真的愛人類，就不要成立政府⋯⋯像這樣的政府，現在在某些國家還是存在的。

　　就在我們身邊，也能看到許多的組織或團體，在上位的人掌握了所有的權力，而把下面的人都當作機器一般的使喚。這種例子比比皆是⋯⋯

　　如果我能獲得某種權威，那麼，我是否能夠尊重人們的權利呢？或者我拒絕所有的義務，而不認為自己的生活和活動，具有服務人群的使命呢？

　　有這種思想的人，將是從人類中孤立出來的猛獸。他把別人當成是自己的犧牲品，但他自己也有可能成為比他更殘忍的人的犧牲品⋯⋯

人類並不因為吃得下東西才能活下去，而是因為消化良好才能活下去。

——富蘭克林

這裡所講的不僅是指食物，在知識和精神上的認識也是同樣的道理。如果只是貪婪的去讀很多的書，或者參加許多的學術討論會，那是不夠的。

不知道有多少人只曉得把知識往頭腦裡塞，但是他的腦中對於促進自己生活的能源方針，都沒有完全吸收，當然也沒有辦法去做任何改變。

有的人會批評作者或他人的思想，但卻不能表現自己所想說的……同樣的道理，只是讀很多書，並不能成為一個淵博的學者。要能夠去思考書中的要旨，能夠深刻的體會它的精義，並在自己的生活中加以發揮，如此，自己的生命才能充滿力量和光輝……

一些目無法紀的人被關了起來，但這一來會造成
其他人，以為自己比他們好的錯覺。

——孟德斯鳩

關在監牢裡的人，有心術不正的商人、喝醉酒的駕駛、
性犯罪者、小偷或殺人犯。因此，其他的人一方面會感謝正
義的伸張、感謝警察，一方面會暗自慶幸自己沒有包括在
內。而我行我素，仍然輕率地過著自己的生活。

有的人還是依舊胡亂開車；有的人還是每天哄騙客人；
也有人仍然過著淫亂的生活，過著輕率浪費和怠惰的日子。

所謂的壞人，並不是關在牢裡的人。如果大家稍微反
省，我想每個人也都會有面紅耳赤的時候。在監獄外的我們
是自由之身，但我們要如何運用自己的自由呢？

我的良心是清白的嗎？我真的沒有怠惰疏忽的時候，以
及促使別人做壞事的時候嗎？

今天，我能給予別人什麼？

——德希雷‧帕拉德爾

　　大人常會對小孩說：「要學習把東西分給人家。」他會教小孩子把一半的巧克力分給其他的小孩……

　　但大人能夠把自己的一部分給予他人嗎？也許這個人會把一些無用的東西，譬如像巧克力的包裝紙給予別人，但對於真正有用的東西卻不會施捨……

　　不過，當我們付出愛心的時候，那是無法計算的。如果一個人能夠把心給別人，能夠為他人著想，那麼受到你恩惠的人，則會擁有許多的財富。

　　一顆心能夠給予別人愛情、寬恕、同情和安慰，而且當你把這些東西給予別人的時候，自己卻不見得會真正失去些什麼……

　　今天，我能給予別人什麼？

　　是不是給他們自己一些無用的東西而已？

　　我的心是不是像我的手一樣的封閉呢？

在我們被稱作人類之前，科學已經把我們變得像神一樣的東西。

——約翰‧羅斯德

原本主張無神論的羅斯德，突然因為某一位科學家的大膽言論而感到吃驚，在他死亡之前發出警戒的呼籲。

他說人在成為神之前，必要先做人該做的事⋯⋯

急性的羅斯德不斷地追求道德的法律。但如果沒有人類，誰能夠創造法律呢？誰能夠為他人謀取在法律上應有的權利呢？我們是否應該要求有個最高權力者的存在？

人類自以為是神，想創造一切，期待奇蹟的出現，但這樣一來，人類反而成為實驗室的研究材料，或是變成獨裁者蹂躪下的犧牲品⋯⋯

我是真正的人類，也是別人所稱的萬物之靈。但我卻受到拘束，無法盡到我自己該盡的義務。我該怎麼做呢？

人類永遠認為自己是真實的，可是有時候這個真實是會改變的。

——德利斯達・貝爾奈爾

　　我是真實的。我的話語中所討論的都是自己的感情和心情。除此之外，什麼也不說。

　　喝酒的人會說，我喝酒是為了放鬆一下，這樣對身心有益，但事實上，他也承認酒精是一種慢性毒藥。

　　不過，要做到真實，最困難的就是在談愛的時候。

　　「我真的很愛你……我就只愛你……」許多人都會不斷重複對別人說這句話，他們時常在說謊，這難道不是為了自己快樂而發出的情慾之聲嗎？

　　而對於神的愛又是怎麼樣的呢？

　　「主啊！我真的愛您。」這句話是真的嗎？

　　這是因為在告解的時候必須說的謊話嗎？

對於愚蠢的人，我們沒有好的東西可以給他。

——拉・羅西夫科

這裡所說的東西是什麼？就是愛。

我們將愛給予那些需要的人，但要有聰明才智，知道什麼時候可以給別人錢，什麼時候要拒絕接受人家的錢。有時給人家麵包，有時給人家忠告，有時會閉目沉思，有時會皺著眉頭。不管怎樣，我們都希望對方能夠更好。

聰明的人應該能夠了解到，自己有時候也會被別人所利用。但是要以愉悅的心情去接受，因為別人利用你，不見得都是做壞事。而愚蠢的人有時候太過正直，對於任何事，他們沒有判斷，也沒有任何選擇，就這樣任其發展。

我自己真的有好的東西嗎？或者只是像愚蠢的人一樣只有正直呢？抑或兩者都不是，對於問題根本無法解決呢？

　　人如果沒有開一扇能夠讓神召喚的窗，那麼生命將一片空白。

——聖‧齊克丘培里

　　我們每個人都有要散發自己光芒的使命，哪怕只是一點點的光芒也好。

　　但是，世上還是有不透明體的人。所謂不透明體的人，就是自私自利的人。他們所能拿出來的只是退縮、悲哀以及虛無罷了。

　　不過，幸福的是，世界也有很多透明人，他們是喜悅、新鮮以及愛的靈魂。他們已經不算是屬於自己，他們是為了給予我們一些東西而保持自己的肉身。在不管碰到多小的電波時，他們都能敏感的散發出他們的愛。因此，接受到愛的人，對他們懷有無限的尊敬，並轉化為充實的東西，然後再將它散布出來。

　　主啊！在我心靈的家中，每一扇門窗都打開來，希望能藉此吸收您的光華，能夠在您的喜悅下閃耀光輝。

人類可以習慣於怠惰遊玩，也可以習慣於努力。

——馬賽

　　運動的人會不斷的訓練自己。因此，他能夠不斷產生出新的體力，這是無庸置疑的。登山的嚮導，每次都會攀登高山，不斷重複的登山，使得別人對他的毅力感到驚嘆……

　　和運動的人或登山嚮導這些人不同的，就是那種躲在奢華的船艙裡，什麼事都不做，餓了就吃，累了就睡的人。

　　前者是習慣於努力向上的人，而後者則是習慣於遊玩怠惰的人。我自己到底擁有什麼樣的習慣呢？我是不是也是遊玩怠惰的人之一呢？從別人眼中看來，也許我是這樣的人也說一定？

　　主啊！我對於那些懶惰的人會稍稍加以責難，但在這之前，我也會不斷的反省自己。

Chapter

2

知識之門

　　我許多的信念，不是建立於理性之上，而是從感情、慾望、憎惡、金錢或是毫無反省的心態中產生出來的……

——史威夫特

　　有些行為莽撞的年輕人，一直相信自己能夠成為優秀的飛行員；有的女孩雖然知道對方不好，卻固執著自己的愛能使對方變好的信念，而願意冒險；有的人沒有大才能、沒有錢，卻固執著要創造大事業的信念，而疏忽了每天應不斷的努力以及應盡的小義務……

　　我為什麼會有理性呢？那是因為在現代文化的陰謀，和我內心的迷宮之間，讓神可以進入……我的信念是植基於什麼之上呢？

　　主啊！感謝您給予我理性，從今以後我要更加利用自己的理性。

理性衰退的徵候之一，就是閱讀墮落的書籍。

——無名氏

有許多年輕人，不論男的或女的，都會沾沾自喜地說：
「我什麼書都看。」

這些所謂的什麼書，有些只不過是被商人宣傳成像是什
麼大傑作的猥褻書籍罷了……

因為閱讀這些書籍而日漸退化的人，他們卻想像自己所
作所為已達到了最高的水準。

我喜歡閱讀的書籍是什麼呢？只要根據這一點，就能了
解到我的理性程度。

主啊！請您給我決心，讓我避免去閱讀一些不會使我更
好的書籍。

對於了解愛的人，神是容易親近的；對於不了解愛的人，神會隱藏祂自己。

——卡雷爾

神的智慧是無限大，超越我們無限多的。因此，如果在信仰之前，你就想先了解一切的話，那麼對你而言，神是很遙遠的……

人心都是無窮盡的。例如，不管孩子再多，母親對子女的愛，永遠也不會枯竭……

使我們能夠接近神的東西，就是我們理性的心……

我是不是一個幾乎使自己心臟麻痺的理性狂信者呢？我對於鄰居批評的時候，會以他們的理性高低，或者是以他們對神的獻身來評斷呢？

當我和神說話時，我所有的概念表示我是一個「知識人」，或者只是一個滿懷著愛，向神祈禱的人呢？

主啊！請您教導我祈禱吧！

　　活在世上八十年，經過不斷的研究，我至少學會了一樣東西，那就是自己的無知。

——墓誌銘

　　這是在帕德瓦墓園的一個碑文。他是一個真正的學者，了解自己的界限，而且毫不隱藏的坦白說出來。他知道自己的發明和見解，只不過是拓展未知世界的一個起點……

　　一些撰寫新聞雜誌稿的人，他們時時會高聲疾呼，甚至會評論神的好壞。但他們卻不知道聖人、修女和傳教士為了世人做了多大的犧牲，而他們的理想可以用共同的墓誌銘來撰寫……

　　在我們的想像中，來生並不是一種空想，而是真真實實存在著的。不管怎樣，我們想要打破這種生命的延續是不可能的……

　　基督為了讓我們確信——我們有來生這種本能的希望，因此，祂率先步向死亡之路……

對於神的真義，我們是無法完全了解的。

——克里耶

我們會本能的把所有的東西都以自己的程度（比別人的程度高還是低），或是自己的生活能力（比別人富有還是貧窮），或是自己的理性（自己不了解的事情，經過他人的說明後，還是不了解）。為基準，來衡量各種事情。

我們甚至對神也用自己的標準尺度來衡量。也就是說，我們認為神的所作所為和我們的所作所為，應該是一樣的，他的愛應該和我們是相同的。如果神的真義我們無法了解，我們就會認為那是不合理的……

如果要想認清自己的境界，要想認清神是超越我們無限的話，那麼我們必須要有謙遜的心……我從對誠實和真理所抱持的愛當中，能夠產生出謙遜的心嗎？

如不能使我們接近神，不能使我們變得更美好的書，那是毫無價值、毫無意義的東西。

——蘭格爾

有些書並未直接討論到神或基督；有些書能讓我們更深入的了解人類，讓我們知道人與人之間，或人類所必須知道的事情。例如，像歷史、地理的書，或某些種類的文學小說等等，這些書能夠使我們的身心健全，能夠產生出為他人所利用的能力。

除了這些好書之外，還有一些毫無意義和價值的書。如果為了讀這書而花時間，那麼就是在浪費我們的生命。

有些人會利用閒暇的時間去做更好的事情……

而我在閱讀書籍時，能使我的知識更為豐富嗎？

　　微小的心就像顯微鏡，它看小東西時會將它放大，但卻不能看到大的東西。

——菲爾德

　　我們把顯微鏡對準美麗的風景看看吧！那麼將什麼都看不見。但如果我們把一滴污濁的水放在顯微鏡下觀察，就可看見無數的細菌。

　　心胸狹小的人只看見別人對自己的尊敬和榮耀，而沒有考慮到自己只是幾十億人群中的小水泡罷了。自己的存在價值和思想都是很微小的……

　　他只看見小的東西，而沒有看到整個大的世界……他認為自己所做的事情，能夠引起所有人的關心。可是像偉大的神在自然界所做的事情，卻也沒有引起許多的關心。

　　主啊！對於您的事業以及您賦予我在這世上的使命，請您給我更多的見識，讓我去了解吧！

沒有慈悲的知性，就好像沒有蜂蜜的蜜蜂一樣。

——克拉雷提

　　有些人很會說話，不管任何事他都能說得頭頭是道，對於過去和未來都能夠瞭若指掌，但是卻沒有慈悲的心懷……

　　在他們的話語中，常常會把「我」掛在嘴上，而隱藏起自己的貧乏與無知。

　　只有見識淺薄的人，也許會對這些人的話感動，可是這些人只不過是沒有蜂蜜的蜜蜂罷了……

　　我對於別人的什麼地方感到特別感動呢？是他的心意、或是他的智慧呢……

　　主啊！如果能夠增加我的慈悲，那麼請您再減少我的智慧吧！

倫理觀比智慧更重要！

——卡雷爾

一個人不是靠他的智慧，而是靠他的倫理觀來判斷解析事物的是非。

所謂的倫理觀，就是他對於事物的判斷能力，以及努力致力於使自己的生活和神的計畫一般；或是對他人所擁有的關心，以及懷抱著熱情去選擇為善的道路……

我的倫理觀到了什麼樣的程度呢？

在我作惡的時候，我的倫理觀也不會消失，此時就會有一個聲音響起，呼喊著叫我回到善良的道路上……

主啊！如果為了增加我的倫理觀念，而必須增加我的智慧，那麼請您給予我更多的智慧吧！

很多時候許多道理，只不過是——別人用來為自己生活做為辯解的藉口罷了。

——克里耶

許多人因為虛偽和自私的作祟，為了要蒙蔽自己的生活方式，所以就應用一些藉口來創造個人的小哲學。

神？神是不存在的（說這種話的人，是認為神的存在會困擾自己的生活）。有的人會說愛是自由的（這是他想為自己的亂愛行為作辯解而說的話）。也有的人會說這個問題和宗教無關（因為他不願以宗教的觀點來證明這個問題的正確性）。或者有的人會說，望彌撒，已經無法使他的心靈平靜了（是因為他在望彌撒中已經把自己的心脫離了基督的犧牲精神了）。除此之外，還有許許多多的藉口……

我的哲學是什麼呢？我的哲學中是不是也有一些利用來作為欺瞞的藉口呢？

　　所謂的謙遜，並不是認為自己比實際更糟，是個
不完美的人，而是能夠真正看清自己短處的人。

——拉・科爾第爾

　　謙遜必須是真實的才行，如果不是根植於真實的謙遜，
那麼就不能算是謙遜，而是所謂的「偽善」。

　　自己沒有的缺點，卻硬要說自己有，明明只是一個無心
的小過失，卻故意加以誇大，認為自己沒有好的一面，認為
世上沒有比自己更差勁的人，這種想法並不是真正的謙遜，
而是一種病態。

　　真正的謙遜是能夠認清自己的缺點和錯誤，能夠評判自
己的罪，能夠了解自己能力的一定界限，知道自己的能力有
多少。而且，能夠清楚的了解到不管在任何階段，一定有比
自己能力更強的人，這才是真正的謙遜。

　　也就是說，他不會抬高自己，也不會貶損自己的地位，
而能清楚的看出真實的一面。

我們永遠都是個外行人。

——克雷爾

　　生命通常會經歷許多不同的階段，而我們只不過是外行人罷了。中學或高中畢業生，很驕傲的自以為知道所有的事物，但對大學而言，他們只不過是個新人罷了……

　　有時我們會參與討論別人兒女的教育問題，但有時候自己也可能面對同樣的問題，此時自己只不過是個新人而已！

　　基督徒也是如此的。他和神或鄰居的交往，時時會碰到新人的階段，不斷地站在新的十字路口上徘徊，遇到新的困難。也許他也會有所進展，但不管怎樣，永遠都會有未知的世界在前面等著他。

　　對於走在我前面已不算是個外行的人而言，我是否能夠有詢問他們的智慧呢？如果我不能這麼做，也只不過是個自大狂妄的傢伙罷了。

如果想要了解對方的話，自己就必須先設身處地的去做做看。

——聖·齊克丘培里

只是站在旁邊看，而批評對方是很容易的……但如果想更了解事情，做出正確的判斷，就應該要面對這個問題，親身去參與，才能夠把事情的具體真相找出來……

例如，對於某位評價不很高的老師，如果我能了解他的個性，或他的生活背景，對他有較深刻的認識，也許就能忍耐他無趣的課業了……

某個年輕女孩責備百貨公司服務員的態度。這個女孩一定沒有站在那兒十個小時，面對急躁或是慢吞吞客人的經驗，所以她不能體會到別人的心情……

主啊！為了能夠更了解人類，我會努力不懈的。

不知道神或耶穌的人，到底知道些什麼呢？

—— 聖·法蘭西斯

　　某人因為喜歡化學實驗，所以他很了解這個和那個混合起來會變成什麼樣子。但也許他並不知道自己為什麼活在這個世界上……

　　某人能夠用望遠鏡眺望幾萬光年遠的星星，但他也許並不能夠發現宇宙間神的存在……

　　某人能夠很流利的回答出電視節目的猜謎遊戲，並且得到獎金，但對那個人而言，基督也許是他還不認識的人……

　　到底人們真正知道的是什麼？

　　而我自己又知道些什麼呢？

沒有良心的學問，會毀滅人類的靈魂。

——拉布雷

　　這是拉布雷根據他那個時代的情形所說的話，這句話即使在 21 世紀的今天也能夠適用。

　　學問不在於教人如何支配自己的本能，而在於教人服從自己的本能。所以，沒有良心的學問，對於增強人類意志方面毫無貢獻，也不能夠照亮人生的道路。

　　人類不斷的努力、充實學問。如果失去了智慧，將無法把握自己的方向盤；也就是說，將無法掌握自己的良心……

　　我是否已經掌握好了方向盤，是否已經踩好了煞車，準備好要在生活的道路上奔馳了呢？

　　現在開始為時未晚，好好去做吧！

　　有智慧的人，在必要的情形下，會改變自己的意見；但是愚蠢的人，卻永遠固執己見。

——印度俗諺

　　每個人都會犯錯。如果認為自己有時也會出現錯誤的判斷，那麼這種想法是正確的。

　　在犯錯的時候，能夠很快的承認錯誤，並改善自己的意見，這種人就是有智慧的人。

　　可是，如果固執而不肯改變自己的意見，這種人就可以證明他是個愚笨的人。

　　像這種頑固的人，我們常常會碰到。

　　我自己是否也是這樣愚蠢的人呢？

　　人生的大事，不是要長生不老，而是要保持一顆年輕的心。

——里協

　　根據科學家的調查，人類的平均壽命應該可以活到一百二十歲。可是，這是好現象嗎？

　　如果真是這樣，這個世界將變成老人的陳列場了，並且會產生很多的問題。所以，重要的是，就算只是活到一百歲，也要保持一顆年輕的心。

　　然而，看看現在這個時代，即使只是十五、六歲的年輕人，似乎都有了老人的心態了。

　　我真正的年齡到底是幾歲呢？

　　望彌撒就是希望大家能夠永遠保持年輕的心。

　　我走上神的祭壇，滿懷著年輕的心，投入神的懷抱。

　　在這個核子能夠分裂，但偏見卻無法打破的時代中，什麼東西都無法出現。

——愛因斯坦

　　一粒塵土包含了幾億個原子，在這個時代就算是少了一、兩顆原子，也不會有什麼問題。

　　但如果有了思想上的偏見，哪怕只是一個，都很有可能會葬送一個人的一生。

　　偏見包括對人、對家庭、對社會，或對教會的偏見。

　　有個人曾說：「信仰天主教的人並不能算是比其他的人更好，所以天主教是毫無價值的。」不知道有多少人抱持著這種偏見，而與主耶穌的教義背道而馳。

　　我自己又是怎麼樣呢？

　　我毫無偏見嗎？

選擇讀物和選擇朋友一樣重要。

——亞貝巴里

　　如果有人和你所處的社會階層，或和你的趣味完全不同，那麼你有可能不會和他成為朋友。可是，在閱讀書籍時，恐怕你就不會這樣堅持自己的意見了。

　　也許你會注意到一個人的裝扮，但你是否看到他內心的想法呢？當你向神告白的時候，也許忽視了自己的內心深處。但是當你用真實的心回顧自己時，就能夠察覺到自己的錯誤。

　　在選擇朋友時要加以注意，這是眾所皆知的。

　　當你要選擇一本能夠對自己有所助益的讀物時，最好也要以同樣敏感的心去選擇。即使僅是一本不好的書，也會讓你在看完以後，就好像夏天的冰雹一樣，除了浪費時間，竟完全沒有任何收穫。

　　僅僅「阿門」這兩個字，就包含了許多我們無法想像的真理。

——威優

　　當禱告結束時，我希望你能夠說「阿門」。這就表示作出了一種承諾的意思。

　　當我們說了無數次無法計算的「阿門」以後，也就表示我們把一切都交給了神。

　　如果心裡一直猶豫不決，想說「阿門」又不乾脆說出來，到了最後犯了錯誤，才感嘆悔恨……

　　如果時常過著這樣的生活，那絕對不是好的情形。

凡事不要說不可能，因為你根本還沒有去做。

——俗諺

　　難以回答的問題——

　　手續麻煩的事情。

　　必須征服的山峰。

　　必須進行的遠路。

　　必須除去的惡習。

　　必須克服的種種失望。

　　——這一切事情，都必須抱持著對神的信賴，才能夠成功。當我面對困難的時候，是否非常樂觀呢？

任何看起來像是愚蠢的東西，一定也有它值得喝彩的地方。

——克雷爾特

新的進步和新的發展，對社會的貢獻是不可抹煞的。但有些人卻認為只要是新的東西都是好的，而對於人類以往的高深智慧和傳統不斷加以責難，這種人我很想嘲笑他們的幼稚與無知。只因為東西是新的而感到高興，這種人不過是想追求新奇罷了！

已經去世的康德神父，經常引用貝爾格森所說的一句話：「現在是過去的重疊」，我覺得這是一句至理名言。

如果丟掉過去，那麼現在也一定會毀滅的。無論是科學、倫理、宗教、學問等等，這些支持我們現代生活的傳統，就好像千金一樣的貴重，這是我們不可以忘記的。

流行雖然是新的東西，但是在剎那間就會消逝；真理雖然是古老，卻永遠常新的。

對精神方面的事物產生興趣，能夠集中人的心智；對物質方面的事物產生興趣，則會使人心渙散。

——A・佛威爾

在我周圍追求享樂、談著無聊話題的人為數實在不少。也許，我自己也是其中之一。

可是，做這些事的人，他們的人格如何呢？就像散落在地上的花瓣一樣，最後所剩下的，是既沒有花也沒有果實的光禿枝幹罷了！

如果只是胡亂滿足自己的本能需求，那麼，最後就會失去人類偉大的特性和本質。

我們應該要適當的選擇事物，將那些容易消逝的物質，當作是手段加以利用即可，而真正應該追求的是精神上的東西。精神上的東西，可以使具有理性的人類達到更高的境界，能夠使人全力集中在某一種偉大的理想上。

為了要擁有完整的善，必須求助於教義。

——斯威琴努夫人

　　許多人以研究和對話的方式來教養自己的精神，這種想法是很好的，但如果不能因此而使自己的心智變得更好，那麼，又能發揮什麼作用呢？

　　對某些人而言，他吸收許多的知識，只是為了賺取更多的金錢，使自己能夠輕鬆的活在世上。

　　但只是賺取了大量的物質享受，又有什麼作用呢？然而，現代人幾乎都是在追求這方面的快樂……

　　神不會問你：「你是人類的精神象徵，還是人世間的有錢人？」相反地，神只會問你：「對他人而言，你算是一個好人嗎？」——主啊！也許哪一天您也會這樣問我，到時候我該怎麼回答您呢？

光從不考慮他是從哪裡來的人，也會照亮他。

——布倫帝爾

　　大自然的光是從太陽而來的，這是眾所皆知的。但是人們對於這個產生能源照亮大地的太陽，又知道多少呢？

　　另外，我們對於人工的光，也就是所謂的「電」又了解多少呢？是否知道電是經由什麼樣的管道？以及經由多少人來加以生產運作而傳送出來的？

　　太陽和電仍然會照亮對它們一無所知的人類……

　　神也是一樣的。不管你是否知道祂，或者根本無視於祂的存在，祂都依舊會給予所有的人身體、靈魂以及生命……

　　以正常的智慧去了解神，以正常的心去愛神。關於這一點我真的做到了嗎？

　　主啊！從現在開始，我將向您要求更多。

　　因為我知道我所要求的，您都會賜予我。

大自然中所擁有的智慧，比書本還要多。

——聖·貝爾那德

　　每一本書都是作者嘔心瀝血的結晶。但可悲的是，直到今天還是有許多人會去抄襲他人的著作。

　　書本上的知識被他人加以剽竊、盜印，或出版，使得它失去了原來的作用。就好像玫瑰花一樣，本來可以開得很茂盛，但因為被他人濫採亂摘，而不能開出美麗的花朵。

　　書本上的知識會被人盜用，但是大自然的知識卻永遠呈現在我們面前。就好像一本打開的書一樣，它包含了書上能夠教給我們的智慧。我們可以從自然中了解很多的事物，了解生命的意義。

　　主啊！因為您在宇宙中埋下了許多隱藏的智慧，所以我很感謝您。

　　一個人如果不能擁有「善良」這門學問，那麼他所擁有的其他學問都是有害的。

——蒙田

　　這句話並不是輕視人類的學問，也沒有看不起人類的學問，而是說出了學問的真正意義與價值。

　　教宗保祿六世在聯合大國會演說時，曾經說：「所有學問的功能，就是使所有的人類都能夠擁有更多的愛！」

　　如果沒有善良的道德存在，那麼學問和科學都是有害於人類的。

　　為什麼呢？因為在這個時候，如果學問被強者所掌握，就會變成掠奪、復仇、或傲慢的工具。

　　我的學問到底到了什麼樣的程度、是什麼樣的性質呢？我的學問中是否包含了善的因素呢？我所擁有科學的或藝術的知識，只是為了填滿我的知識領域，或者是為了幫助他人呢？

真正的學者在對於事物或事情不了解時，也都能夠坦率地承認。

——安培爾

謙遜在知識的世界是不流行的，尤其對於尊重通俗科學和老師的人來說更是如此。

安培爾是一個科學家——一個真正的科學家。他對於許多的發明十分關心，可是他也不曾忽視人類未知的世界……

人類是很奇怪的東西。當他們坐在自己該坐的位置上時，又害怕自己太過渺小讓別人看不見。所以，就像伊索寓言中的青蛙一樣，毫無節制的一直把自己吹脹起來，最後終於破裂……也許我自己就正是這樣的一個人。我是否常常用話來掩飾自己呢？真實的我到底是什麼樣的呢？

如果對於自己所不知道的知識也不會加以賣弄，直接表現出真正的自我，那也不會有面紅耳赤的時候了。

主啊！請您時時刻刻地警惕我，讓我所說的話、所做的事永遠都是真實的。

　　我所遇見的任何人，一定會有比我優異的地方，所以我應該向他們學習。

——耶馬森

　　有些人比我有智慧，這時我是單純的信賴這個人的知識，或是覺得嫉妒，或者是害怕對方發現自己的無知呢？

　　我能不能時時抱著謙遜的心，向他們學習呢？

　　通常來說，成人的智慧、經驗遠勝過青少年。但在書本的知識或音響、電視、電影方面，有時候成人沒有注意到的事情，青少年卻發現到了，而且吸收了許多這方面的知識，值得成人學習……可是，我們需要多大的勇氣和謙遜的心，才能夠去向比自己年輕的人請教呢？

　　此外，年幼的小孩可能也有許多東西值得你學習的。年幼小孩那種清純的心靈、對人的信賴感、天真無邪的奮發心、義無反顧的行動……都是我們值得學習的。

　　知識好像裝入袋中的石頭，教育則像是丟入罐中的一粒種子。

—— 紀伯倫

　　你在口袋裡放進一顆石頭看看⋯⋯

　　不管你的袋子有多大，不管你將石頭放進袋中多久，在袋中的也只是石頭。除此之外，什麼也看不到。

　　如果把一個裝有種子的罐子埋入肥沃的土壤中，不管這罐子多少，也不管裡面的種子有多少，總是能夠萌芽、成長、開花，並且結下纍纍的美好果實。

　　無論是老師、演說家、傳教士，甚至是神，當他們給我一個觀念的時候，我是把它變成石頭，還是變成種子呢？我是把它放入袋中，還是把它放入罐子裡呢？

朝聞道，夕死可矣！

——孔子

　　要發現智慧的條件是什麼呢？就是要以堅定不拔的毅力，不斷地探索尋求。

　　如果你能發現真正的智慧，就算只有一天去愛它、擁有它，那都算是活過了。只要你能遵從智慧的事理而活，就算是到了傍晚時，也能夠心情平和的死去⋯⋯

　　為了保持我們身體的健康，有人說早上應該做十分鐘體操。但每個人也應該想到心靈的健康。如果每天早上能夠在神的面前，充分沉思一些為人處世方面的事，相信也能夠創造一個嶄新的心情來迎接充實愉快的一天。

　　主啊！在我休息的時候，我並不只是追求快樂，而是一直在探索追尋您的智慧。

對一個不斷探索找尋原因的人而言，絕對沒有重複的失敗。

——佛西將軍

去年失敗的經驗，對你的心情而言也許是有害的。可是希望你不論在任何時候，都能回到好的道路來。

失敗以後有可能獲得新的勝利。可是為了獲得勝利，必須要有勇氣去找尋先前失敗的原因。在這種時候，與其考慮種種的因素，還不如抱持謙遜和坦率的心更重要。

光是在堤防上找尋裂縫是不夠的，必須做好準備、防止水患，把災害減到最低。

今年也許和去年一樣，都有危險和誘惑，這時候，你想你會如何去處理呢？

讓自己成為有高深智慧、賢明又堅強的人。

　　不要老是想讓別人來了解你，你自己應該更努力去了解別人。

──中國格言

　　當你和別人交往時，可能有兩種形態：

　　第一種就像是想把自己羽毛張到極限的孔雀一樣，努力讓別人知道自己的身體、自己的力量，或者自己的智慧。

　　第二種形態，是致力於了解對方的努力、對方的困難，或他的特質、成功的因素等等。

　　要做到這樣是需要多麼微細的心，又是多麼困難的事啊！在這方面下過功夫的人可說是非常少的，這是我們大家都了解的實際狀況。

　　我是屬於前述的哪一類人呢？

　　我是希望能了解別人，或者像孔雀一樣？

　　胡椒的種子很小，所以別人不願意加以評價。但
只要你把它放入口中，你就能了解到小小胡椒帶來的
辛辣滋味了。

——阿拉伯諺語

　　「你的經驗沒我豐富，而且你的意見是毫無價值的。」
你是否曾經聽過這樣的話呢？這是一些自以為是的人，怕對
方反駁自己而說的遁詞。

　　但是，如果有時候你能聽聽年輕人、沒有經驗的人、沒
有什麼成就的朋友，或者是自己的妻子，甚至是自己兄弟的
意見，那麼情形會變成怎麼樣呢？

　　或許他們的意見能為你的生活帶來一些刺激吧！

　　你何妨試試看呢？

　　愚蠢的人和有智慧的人在一起會覺得很無聊，而有智慧的人卻能從愚蠢的人那兒學到東西。

——彼德斯

　　這是對坐在教室最後面位子上打呵欠的學生最好的警告。再怎樣無聊的老師，他也一定比我的知識豐富，縱使這是一個在學生眼中的愚蠢老師，但有智慧的學生也會從老師那兒得到啟發自己的智慧。

　　如果你認為書本毫無內容，講義只是記載別人無聊的言語，而傳教士所說的都是平凡的事蹟，那麼，你就應該更加深切的反省自己。

　　如果你連自己都不了解，也不能夠抱持著謙遜的心去學習，那麼你的思想也不可能有深度。

　　真正有智慧的人，他是最謙遜，而且也是最想求取知識的人。為了讓自己的知識更豐富，他不會向哲學家求教，而會在小孩子身上學習到東西。

　　如果一個人認為自己什麼都知道了，那麼連神都
無法教導他任何事了。

——優爾敦辛

　　「目中無人」這種人從外表看起來就是已經死了。

　　愛因斯坦認為一個人要有值得驚嘆的能力，要有被人尊
敬的心，這才是生命的象徵。

　　代表生命的神，為了要使我們感到驚嘆，為了要打開我
們的心扉，為了要教導我們很多事情，因此，不斷地敲打我
們的心靈之門。

　　如果認為自己已經知道得十分詳細，已經能夠了解全部
的真理，而封閉了你的心靈保險庫的話，那麼這種想法無異
是知識性的自殺。

　　如果你這樣就感到自滿，你的心地這麼狹窄，並且限制
了自己知識的發展，那麼你就好像進入地獄一般。

　　一個人可以只有一碗的知識，一桶的賢明，但要擁有像大海一樣多的忍耐。

—— 聖·法蘭西斯

　　如果你擁有這些東西，讓碗變成了杯子，變成了啤酒杯，甚至變成了大酒桶的話，那麼你的發明也會不斷地增加，而你的忍耐力也會增加到無窮無盡。如果不能按照這種比例增加知識，那麼你就會瀕臨毀滅。

　　如果擁有一般的知識，但是只有一小片的忍耐，那麼它就像沒有槳的船，容易遇難失事。每個人都應該要擁有相當多的忍耐和知識，這樣才能夠保有力量。

　　神在找尋可以寄託的人之前，不知道等待了多少世紀。而在革命訊息傳來以前，耶穌不也已經等待了三十年嗎？

不要哭泣，不要憤怒，要去理解。

——史賓諾莎

　　這位著名的大哲學家，說出這樣的話，看起來似乎很簡單。誰會沒有正常而必要的憤怒呢？誰不會為了自己、為了他人，或是看見世上悲慘的事而想要哭泣呢？。

　　因此，在遇到這類事情的時候，要努力去了解，要去探索理由。為什麼會引起戰爭？為什麼學生會反抗？為什麼教會必須更新……

　　如果能這樣加以考慮，那麼你就應該了解到，要從小就從書本中學習到這一類的知識。而我們要想辨別事物的真理，就必須擁有一顆聖賢的心靈。

教育並不是教導你去思想，而是播下了種子。

——普拉敦

　　我會貪婪的去讀堆積如山的書本或雜誌，我會專心聽老師的授課。但對心靈而言，這些真的是我的精神食糧嗎？

　　普拉敦所說的這句話，可以做為老師的教條，這句話是為學生而說的。不管老師種下了什麼樣的種子，在我的心田裡，我必須培育出一塊肥沃的土壤，來使播下的種子能夠成長發芽。

　　如果拒絕許多的暗示，拒絕他人的幫助，而且缺乏創造力，那就是一種消極的人生態度。

　　我們從事教育工作的人就是在散播種子，而接受教育的學子們，必須使那種子萌芽、茁壯、結實纍纍，這樣才能夠成長茁壯。

Chapter

3

給予之福

　　人的一生結束時，留下的不是我們所收集到的東西，而是我們所給予的東西。

——傑拉爾‧桑德里

　　每個人都是兩手空空來到這個世上，又兩手空空走了。

　　但是不知道有多少人在他一生中，卻不斷地計算自己所儲蓄的財產。又不知道有多少人將一生無用的東西，或有害的東西，當成自己的珍寶一樣，十分看重。

　　這些東西就和泥沙一樣，轉瞬間，就會從指縫中溜走。

　　神所計算的不是我們所擁有的東西——這些原本就是神的東西——神所計算的是我們所能給予他人的東西。

　　如果我能夠把自己的金錢、力量、喜悅、時間、身體，甚至自己的生命都給予別人，那麼我這一生就是美好的。

　　不知道我的計算方法和神的計算方式是否相同？

分享是最大的福氣，也是最好的機遇。

——佚名

我們擁有的東西、能力、時間、祈禱、喜悅、同情、生命，甚至死亡，所有我們所擁有的物質的東西，必須覺悟到要找一個適當的時機給予他人，必須抑制自己強烈的佔有慾，把愛分享給他人。

當然我不會草率的去做這件事情。可是我始終必須抱持著一種觀念，那就是要讓別人在物質上和精神上，都能夠活得更好、更愉快。

我是否把好的給予他人，把那些不好的（像擔心、物質享受、虛榮心、罪惡），都留給自己呢？

我的一切不全都是上天賜予我的嗎？

　　心中擁有愛與道德的人，永遠都能夠給予他人一些東西。

──亞格斯·提努斯

　　即使你的口袋裡沒有一毛錢也沒有關係……除了金錢以外，我們能夠給予他人的東西是何其多啊！

　　我們可以對母親說：「謝謝」；可以對在工作上頗有進展的朋友說：「恭喜你」；可以對於來詢問我們的人給予溫和的回答；可以照顧在路上跌倒的老太婆……

　　而這一切都只不過是說說而已。但要說出這些話，你就得必須擁有一顆豐富和善良的心，才能夠說得出來。

　　這些話都是能夠安慰人的心靈。

　　我是否常會對他人說出這些言語呢？

生存的條件，就是奉獻自己。

——海洛

　　大自然賦予我們很多的東西，像田裡的麥穗、樹枝上纍纍的果實，以及在陽光下盛開的花朵……

　　宇宙是為我們而創造的，所以我們也從宇宙中得到了一切的東西。

　　而我的生存條件就是要把自己奉獻出來。

　　「如果一心想要保有自己的生命，那麼就會失去生命；如果一心想把自己的生命奉獻出來，就能夠得到生命。」這是基督曾說過的話。

　　我是否能在更好的條件下，去找尋能夠把自己奉獻出來的更好方法呢？

　　或者我是一個將自己的才能，以及從他人身上所得到的東西，深深埋在地下的吝嗇的人呢？

　　或者有像孔雀一樣，不斷的伸展美麗的羽毛，在那兒裝模作樣展示自己的人呢？

　　獲得幸福的祕訣：與其在那兒等待盼望，還不如先給予他人快樂。

——諾曼

　　有人終其一生都在感嘆沒有找到幸福，這種人不就是在那兒佇立，一心等待幸福來到，而什麼也不做的人嗎？

　　這一類的人，如果能夠發現圍繞在他身邊的快樂，那麼他本身一定也可以獲得快樂。

　　對於自己能安穩的生存在人世間，我的心中是否有感覺到比他人幸福的美好想法呢？

　　我在家庭、學校、工作場所、以及教會中，是不是一個時時散播喜悅種子的人呢？

　　或者我只是一味依賴著他人而生存的寄生蟲呢？

　　我能夠時時刻刻感覺到幸福嗎？

　　如果不能，那是不是我並沒有關心他人的幸福呢？

如果大家都想拉小提琴的話，那麼就無法成立管弦樂團了。

——舒曼

如果只有小提琴和喇叭，是無法奏出交響樂的。

如果上天給所有的人都是同樣的才能和使命，那麼就無法造成這個世界了。

如果這個世界上只有大學教授，那麼木匠、麵包師，以及工程師等的工作，應該由誰來做呢？

上天給予所有的人各種不同的才能，就是要每個人都能有所自覺，要在社會上做一個有用的人。

同樣的，當我們幫助鄰居時也是如此。在大家互相幫助的時候，就能夠產生出親愛的心。

上天給予我們彼此擁有不同的一生，它的衡量尺度是什麼？上天給予我們才能的多寡並不重要，重要的是我們要使用這些才能來為他人服務。

　　如果只想把自己剩餘的東西給予貧窮的人，那麼他什麼東西都不會給別人了。

——俗諺

　　沒有一個人會認為自己有不需要的東西。

　　沒有用的抹布，也許什麼時候會用到。

　　以前的舊衣服，也有可以穿的時候。

　　如果沒有美食與玩樂，似乎生存就沒有什麼價值了。

　　金錢和地位，對我來說都是很重要的。

　　兒子的將來與女兒的嫁粧，這一切我都必須考慮的。

　　可是，我在這世界上的地位以及所有的財富，如果沒有別人的存在，根本無法發揮任何功能啊！

什麼都不做的人，就是為惡的人。

——中東俗諺

只會接受別人恩惠的人，自己卻什麼也不做，只會在那兒浪費時日，這是不對的。每個人都是社會的一員，我們接受了來自社會的許多恩惠，所以，我們自己也必須付出一些東西，來謀取社會的利益。

怠惰是一種罪過，是社會的叛徒。

「為了不要紊亂自己的和平生活，所以不願意干涉他人的事。」說這種話的人，就是犯罪的人。為什麼呢？因為許多人都為了公眾的利益而不斷的勞動，但這個人卻只是接受恩惠，而沒有想到要回饋社會。

「為了不打擾他人，所以不要干涉他人的事。」這種人只是說出一個毫無意義的藉口。事實上，他並不是怕麻煩別人，而是根本就怕別人來麻煩自己。

努力想做一些事情的人，常常容易被別人責難。可是為了害怕別人的責難而不去行善的話，那就更加的可惡了。

培養心靈的食糧，就是貢獻出自己。

—— 聖・齊克丘培里

　　許多人認為能夠擁有所有的東西，就是最高的幸福。

　　在他們的生活中，想要擁有更多的金錢、家具、裝飾品，甚至更多的書、美術品、古董等等。他們就好像小孩一樣，把生活中所獲得的所有東西都收拾起來，不管在任何時候，他們都不會把它丟棄……

　　可是，這樣一來，他們的心靈深處便現出一片空白。

　　我們應該做的就像農夫所做的一樣。他們把手中的種子全部撒出去，而種子慢慢長大結成了果實，就能夠培養更多的人類……

　　我是以什麼方式過生活呢？是不斷的收集別人的東西，還是不斷的給予別人東西呢？我希望能夠學習，為了撒播善良的種子而來到這個世界上。

靈魂把在沉默中接受的東西，在行動中——給予
付出去了。

——海洛

沉默、反省，就能夠觀察出自己的生活。

時間就像是為行動而準備的泉水……

每天不斷保持沉默的人就能證明這一點。

他們保持沉默，是為了整理每天的思想，使自己的行動
更容易集中，能夠更正確的判斷出困難的價值，而且不會被
他人所左右……

我是否為了要每天活得更好，而忘記一切，保持沉默
呢？為了更美好的明天，我應否停住了腳步，整理今天的思
緒？這樣一來，我就能夠得到更賢明、更有效率的行動。

希望和平的人，必須犧牲自己的休息。

——帕斯特

　　世上的許多人，都希望自己的國家、社會、家庭，甚至自己本身都能夠得到和平……

　　但是，想要得到和平，必須從行動中才能得到安詳，才能得到真正的寧靜。

　　真正致力於和平的鬥士，必須過著困難的生活。冒牌的鬥士則完全未考慮到他人，只想要確保自己所有的利益……

　　我是真正的和平鬥士嗎？

　　我是否隨時準備好，為了他人的和平而犧牲奉獻呢？

　　為了能夠帶來和平，我們必須付出多少的代價，才能得到真正的和平呢？

　　為自己所做的糧食，即是對自己物質上的關懷。為他人所做的糧食，那是對他人心靈上的關懷。

—— 貝爾加耶夫

　　前者能夠恢復我肉體的力量，就好像汽車的汽油一樣；但是我用愛心所製成的麵包，是為了他人而做的。這是我辛苦的成果，但卻沒有進入我的口中……從我的立場看來，也許我是失去了某些東西；但從他人的立場來看，他們卻得到了生命、力量、喜悅等等……

　　在這個意義下，同樣不斷辛勤工作、賺錢養家活口的勞動者，就是獲得了精神上的食糧。不是只為了考試得第一，而是為了能夠求取更多的知識，計劃自己將來的勤奮學生，也是獲得了精神上的糧食。

　　那麼為了養育生命而活在世上的母親們，我們該怎麼說她們呢？她們所做的是女性的完美使命。

　　我們對他人的關懷，應該是精神上的東西吧！

所謂給予，就好像在孤獨上架了一座橋樑。

——聖‧齊克丘培里

　　人類是自我孤獨的東西。如果一個人封閉在自我世界裡，只想到個人的存在，只吸收個人的知識，一味和自己的困難作戰；只遠離人群，而不讓別人接近的話，那麼這個人的孤獨就更為擴大。

　　所謂給予，就好像在孤獨上架了一座橋樑，造成了一個通路；又好像投入救生圈，或使人與人之間互相聯結起來。

　　可以給予的東西很多。例如，給予別人眼睛（就像幫助盲人通過馬路一樣）；給予別人聲音（在不同的場合裡說出感謝的話，或是讚美某個人，就是給予他人很大的恩惠）或是拿出自己的力量、自己的技術、自己的喜悅來獻給他人。

　　如果你從別人那兒（例如從母親那裡）獲得了什麼東西，請將它列一張表，然後再將自己給予他人的也列一張表，兩者加以比較看看吧！

只讓自己獲得幸福，不叫幸福。

——佛雷洛

我很快樂，但是別人呢？

我很健康，但是別人呢？

我活得自由自在，可是其他的人呢？

如果你能夠想到這些，那麼也許你就不會覺得自己很幸福了。不過，如果前面換另外一種說法的話，可能會更好。

我很快樂，所以我也要給予別人快樂。

我很健康，所以我也要拿出力量來幫助別人。

我過得自由自在，我也要給予他人過好生活的機會。

我是否有這樣的想法呢？或者，我只是一個孤獨又自私自利的人呢？

　　如果能夠意識到每個人都會犯錯，那麼希望你能夠加以補救。

——傑西里耶

　　在這世上沒有完全相同的兩個人，每個人都有自己的個性脾氣、自己的過去歷史、以及自己的見解、喜好等等。如果你能明白每個人都有可能犯錯，而不會生氣的話，那麼你就是一個實際的人。

　　可是，當鄰人犯錯時，我能夠甘之如飴的接受嗎？

　　而別人對我也能夠有這種感覺嗎？

　　你希望每個人都能夠了解他人的錯誤，也就是希望他們能夠互相彌補別人的錯誤。雖然我希望能夠彌補別人的過失，但如果我做不到，我希望其他的人也能夠做到。

　　也就是說，我抱著謙遜的心，希望能造成一種影響，使他人也有謙遜的心。

　　關於這一點，我最想去做的就是道德力。

　　如果不能抱持著一份愛心給予他人東西，那就是一種侮辱。

——佛雷洛

　　人類行為的價值並不在於他給予別人物質上的東西，而是在於他心靈上的奉獻。

　　林夫人給某個人舊家具，她並不是因為了解到這個人很窮，而是因為她家的家具把房間都塞滿了，使她感到很麻煩。張先生捐了一大筆錢，所以他的名字在報紙上刊登出來。如果報紙不刊登他的名字，也許他就不會這麼做吧！

　　可是有一個中學生沒有人知道他的名字。他知道有個人很窮困，為了幫助他，他把自己儲蓄的錢，全都送給了那個人。這個小孩子的心態已經算是個成人了。

　　我的所作所為是否有用我的心靈在做呢？

　　當我把一些錢、一個微笑，或是一盒巧克力送給別人時，我的潛意識裡是不是希望能夠得到別人更多的喝采呢？

　　將你自己不需要的東西施捨給別人，這意味著什麼呢？也許這可以說到現在為止，你根本沒有給予過別人什麼東西。

——莫列克

　　在倉庫和抽屜中有很多毫無價值、胡亂堆著的東西，也許你會毫不吝惜的將它送給別人。這對你而言，實際上並沒有喪失什麼……

　　在望彌撒時，你從滿滿的錢包裡，很麻煩的掏出小錢來奉獻，實際上你也沒有喪失什麼東西……

　　某個青年一直熱中於收集郵票，並且花了很多錢，可是他卻沒有想到拿些錢來幫助貧苦的人……

　　某個女孩只知道不停地買流行小飾物，但卻沒有想到她可以幫助在某個地方受飢餓，幾乎瀕臨死亡的嬰孩。

　　主啊！希望有一天您能夠告訴我，我已經能夠了解您所謂的愛。

　　從你手中給予別人的東西，就從你手中消逝了。
從你心靈給予別人的東西，卻仍留在你的心裡。

——丘培爾

　　某個基督徒對於自己的信仰漸漸感到懷疑不堅定，因此內心感到十分不安。但卻不去追究理由，這可以說他對信仰認知的努力不夠。

　　他們在剛開始時，知道了一些宗教方面的理論，但卻沒有努力再去吸收新的知識。他們認為信仰只不過是對個人所發出的一種信心。以為得到這個知識就夠了，所以並沒有想到要做為他人的模範，引導他人。

　　像這種人對宗教的信仰和行為，就好像一團不能燃燒的烈火一樣。這些人用種種藉口來逃避信仰，並且自我安慰的說，還是不要談論他人的是非比較好；每個人都要考慮自己才對——這個是我早就已經得到過的經驗；就這樣他們對於宗教的熱情之火逐漸消失了。

　　任何東西，無論你看到的是一幅圖畫或是潮汐的自然美；所有東西經分享後，就更為壯大了。

——麥爾修

　　如果只會自己享受喜悅，而不肯把快樂分享給他人，那麼也許你會蒙受某些損失。有位作家曾說：「世上所有的喜悅，都是為了分享大眾而產生的。」

　　最明白的證據就是「人類的愛」。上帝創造男女，將他們分成兩個不同的個體，就是為了要他們能夠發現新的喜悅，而相互分享……

　　但如果相愛的兩人都是自私的人，那就必須小心警戒才行。因為在這種時候，兩個人都會害怕對方佔有自己的利益。這樣就失去了愛的真諦了。

　　對我而言，我是否也能夠把自己的愛拿出來和大眾分享呢？我給予人類什麼樣的東西呢？

　　在我祈禱的時候，如果其他人也能跟我一起祈禱，那麼我的祈禱就會變得更廣闊。

親切是由細小的犧牲所造成的。

——葉瑪森

　　為了想要找出對他人親切的機會，還需要更多的體貼以及更細小的觀察。

　　而在你實際去做的時候，需要相當大的勇氣。

　　例如，在公車上讓坐給老年人、推開發生事故的汽車，幫助不認識的人，或者讓女士優先通行……

　　在典禮時，像類似這種殷勤的動作，到處都是。如起立、坐下、歌唱、蹲下、保持沉默等等，這一切對於參加典禮的人而言，都是必須殷勤做到的禮貌……

　　而要做到這些事情，都必須以犧牲做為前提。

　　請讓我對他人能培養出更體貼的心吧！

如果從起床一直到早上十點都能保持好的心情，那麼一整天都會得心應手。

——俗諺

對於這句話，你應該要深信不疑。

假如從起床到早上十點為止，你都能夠保持微笑，這樣就能夠擁有充足的意志力。

十點以後，你所培養出來的意志力，就能夠支持你自己一整天的工作了。

到了晚上要睡覺時，回想自己今天所發生的事情，全都充滿了喜悅和希望，自然就能夠很高興的進入夢鄉⋯⋯

店員為了販賣東西而對顧客展露微笑，我們因為工作而奉獻出自己，這都是理所當然的事，所以不須為此感到厭煩，應該快樂的站到自己的崗位上⋯⋯

　　我們往往因給予別人而富有，也往往因拒絕幫助別人而貧窮。

——斯威琴努夫人

　　我們真正的財富並不是來自物質的東西。因為我們並不是一個吝嗇的主人、管理員或債主。

　　不斷將東西施予人類的神，祂進入我們的心裡，希望能夠教導人們去愛別人，而不要期待任何的回報。

　　如果我把自己的手錶給了他人，那麼我就沒有手錶了。但是，如果我把自己的友情給予他人，那麼我卻會因為他人回報的友情而感到豐富滿足。

　　在這世界上最富有的人就是聖母瑪莉亞。祂給予我們唯一的財富就是基督。因為祂的寬大仁慈胸懷，而使得神能夠將給予我們的恩寵也全部給予祂。

　　我是否時常懷著感謝聖母瑪莉亞的心呢？

　　如果你擁有很多東西，那麼請你貢獻一點。如果你只擁有很少的東西，那麼請你把心奉獻出來。

──阿拉伯俗諺

　　如果你什麼也無法奉獻出來，那麼你就是一個十分可悲的人了！為什麼呢？因為即使你是一個真正的有錢人，可是你只像一頭沒有辦法穿過針孔的駱駝一樣，毫無用處。

　　不管在任何時候，也許對我們來說，放在倉庫中或抽屜裡沒有用處的東西，對貧窮人來說卻是很有用的。

　　我們的心是為了奉獻給他人而生的。與其覺得無法把握自己的心情而感到苦悶，不如把自己的心奉獻出來給那些根本沒有心的人吧！

　　在某個落後國家的照片下寫著這麼一段說明：「我們沒有學校、沒有自來水、沒有瓦斯、沒有廁所、沒有收音機、沒有拖鞋、也沒有手錶……你們都能夠擁有這些東西，但為何還感到憤憤不平？」

我只不過是為他人所設而利用之後，馬上就會被忘記的一條道路罷了。

——克洛提爾

一年結束時，回顧這一年，不管我們碰到了多少的人，不知多少的人相互道別，在每一次道別時，總會有許許多多的約定。可是夏天過去，秋風又起，一切都隨著過往雲煙消逝無蹤了。

學年結束時，老師會對於自己熱心教導的學生，以悲傷不捨的心情送他們出校門，這時候學生會打從心底感謝老師的教導。

但這只不過是一時的錯覺。對於這些瞻望未來的青年學子而言，老師只不過是他們生活中的一頁罷了。

但是，還有一件重要的事情，那就是當這些學生走完了自己的道路以後，達到最終的目的，就會完全忘記他們走過的路了。

如果某個人已經疲倦到給你微笑的力量都沒了，那麼就請你先給這個人一個微笑吧！

——佚名

這個世界自有人類以來，常常會發生層出不窮的問題，而大家都忙著解決痛苦的問題。

在被打垮的人面前，如果你給予他同情的微笑，反而會傷害了對方；這時候如果你給予他希望的微笑，就能夠幫助他重新站起來。

兄弟啊！我希望能和你在一起。如果可能，我希望能代替你來完成這樁偉大的事業。

一切的痛苦都會過去的，一定可以找出解決的方法，我一直是這麼認為的。

「我會為你祈禱的……」僅僅短短的這麼一句話，卻是各國通用的語言。

有時候，只是一個微笑，就能表現出你全部的意思了。

為了要讓這個世界變得更好，我們必須行善。

——馬里威

　　許多人都會有很多的藉口來拒絕幫助別人。

　　例如，「我為什麼要幫助那個窮人，他以前是個喜歡喝酒賭博的人呢！」還有，「我為什麼要去幫助落後國家？我這個住在富有國家裡的窮人，難道還要去填滿貧窮國家有錢人的荷包嗎？」

　　可是，神對於這些理由卻頗不以為然。

　　在有著許多痛苦的地方，只要有信仰，就能夠治癒人的心靈傷痕。就算沒有財富，只要能夠擁有智慧，那麼你的心靈就是豐富的。

在神與人之間，沒有排斥他人的道理。

——麥爾修

　　不管一個人多有錢，哪怕他獨居於一棟別墅，或在大郵
輪中佔據大廳的一角，希望能夠保有自己的獨立性……這種
心靈孤獨的人，他的孤立是一種毫無意義的行為。

　　也許他這種做法能夠暫時逃避痛苦，但同時他也離開了
人群，而陷入了真正的孤獨。

　　如果能夠把這種孤獨的心隱藏起來，再次接觸以前不曾
經歷的事物，就能夠找到一個更新的自己，能夠打開心靈，
在思想和做法上都能變得較為開放，因而能夠充滿喜悅，再
回到他人的身旁。

　　心靈貧窮的人，比其他人更能體會到貧困和痛苦。

　　大家都應該勇敢的伸出手來，並把手伸向其他的人。

Chapter

捨棄之情

懷抱自私心理，無異就是自殺。

——克里奇

　　為了害怕別人奪走自己的一切，所以儘量隱藏自己的生活，把自己封閉起來的人，就是自私主義者。

　　這種人無異就是在殘害自己的生命。

　　經過若干年以後，即使他生命終結的前一刻，也不一定知道是什麼東西殺了他。

　　人類的幸福是上蒼所賜予的，如果不知道這一點，而長久把自己封閉在自我的殼中，那無異於活在地獄裡一樣。

　　能夠散播美、善和真理，這是很美的事⋯⋯

　　如果只考慮到自己的事、自己的工作、自己的痛苦、自己的快樂，愈是這樣，就愈會失去平衡。真正的喜悅也就會離你遠去了。

　　到現在為止，我每天是否都經歷過這樣的事情呢？

　　為了要使自己對他人的服務更好，有時候必須暫時離開他人而獨居。

──卡繆

　　所謂的離群而索居，就是為了要使下一次的行動更好，而必須時常退居到孤獨中思考、沉默、反省。不過這確是很難做到的事。

　　在一整天當中，我為了能夠完成人類的使命，希望能夠得到最好的效果，必須時時的檢討，默默的沉思，自己到底擁有些什麼？

　　為了要排除雜音，我把自己的四周全都封閉起來，以個人的方式來處理我的思緒。因此，我必須讓自己陷入孤獨中才能獲得平靜。

　　如果有人認為金錢能夠解決一切問題，那麼他就會為了得到金錢而不擇手段。

——但丁

　　許多人認為只要有了錢就什麼都可以做。買到每天所需的食物、住家、汽車、身上的裝飾品。除此之外，還可以買到自由、和平，甚至快樂、喜悅……

　　如果他這麼想，那麼他根本不可能把錢借給自己的鄰居或是去幫助別人。

　　真正的財富是對人的愛，關於這一點，他也不知道，像個瘋子一樣在世界上生存著。

　　「你的藏寶地就是你的心靈所在！」主說過這句話。

　　而我自己的心靈是在哪裡呢？主啊！請您賜給我恩惠，讓我能夠去求取您所說的生命的喜悅。

減少一些自認為是必需的東西，這樣才能夠多出一些生存的空間。

——漢思·費斯拉達

每個人將他半生的時光浪費在種種的欲望中，而這些欲望漸漸變成必需的東西。因此，在他剩下的半生中，就會不斷的去滿足欲望。

像那些拼命宣傳來喚起人們欲望的企業家一樣，他會對著青少年宣傳說青少年具有多麼大的資本——數條小溪能夠匯聚成大河。

企業家運用所有的戰術，來喚起青少年心中的欲望，然後使這些欲望變成他們的生活必需品。像是不斷推出的新款手機、遊戲組合各式各樣流行的東西等……這一點我們只要看時下的媒體廣告就能了解了。

如此一來，我自己就會變成了年輕的奴隸！

我常希望能擁有更多的自由。但在多少場合中，我卻被許許多多的鎖鍊束縛住而不自知呢！

所有你不能夠捨棄的東西，就會擁有你。

——M・爾雅

　　某個作家主張：「我最希望獲得的就是自由。」

　　但仔細看看，許多人都被自己的本能、某個輕薄的女性、許多雜亂的事物，或者根本不太熟知的朋友所束縛……這種人是沒有自由的，他是被別人所擁有的東西。

　　我自己又如何呢？我是自由的嗎？還是被人、事、物所束縛呢？我是否有所覺悟，為了他人的利益，在必要的時候能捨棄自己呢？

　　主啊！您給予我所有的一切，甚至包括您的生命。

　　我是為您所擁有的，但是您卻解開我身上所有的鎖鍊，讓我自由。

　　沒有必要為那些遙遠的、無法預料的災難擔心，
而使自己老是感到痛苦。

——安德烈·莫洛亞

　　通常我們對未來擔心和感嘆的事，有三分之二都是毫無根據，從自我幻想中產生出來的。例如：擔心考試會失敗，擔心地震房屋倒塌，擔心不知道得了什麼重病，擔心可能因為交通事故而死……擔心許許多多的事情，但是這些事情也許根本就不會發生。

　　如果你能夠稍具理性的對自己多加信賴，那麼就可把你從各種擔心中救出來。在許多場合裡，實在沒有必要太過於擔心而使自己痛苦不堪。

　　如果我和他人的友情能夠如此根深柢固的話，那麼就沒有任何值得擔心、痛苦的事了。因為只有使友情更加鞏固，才是最重要的事。

　　當你用手指指著月亮告訴別人時，愚蠢的人只會看到你的指尖。

—— 中國俗諺

　　不會去看別人手指的方向或指向哪個東西，而只會看到別人的手，是最愚不可及之人。

　　就像我們在聽別人的話，往往也只會聽到話的表面，而不去思考話中的含意。

　　更有一些人，心中只有「我」，他跟本就不會傾聽，更別說去理解別人的意思了。

　　做人要機靈一些，否則你就會是一個討人厭的傢伙

　　如果在宇宙的調和中，知道自己佔有一席之地的人，他是不會孤獨的。

——安利·基蘭

　　在自己身上綁著繩子的登山者，並不是孤獨的一個人；在編隊中固守著自己崗位的飛行員，也不是孤獨的人……

　　同樣的，能夠了解自己在宇宙中佔有一席之地，而盡力去完成自己使命的人，也不會感到孤獨。

　　具有調和性的創造，是上蒼所給予我們的。

　　在我們當中，即使是最小的東西都能安然的存在。關於這件事我是否能真正了解呢？

　　從現在起我要不斷的努力，希望能和他人更加的親密。

Chapter

勇氣之力

　　所謂勇敢的人，就是在感覺到恐懼的時候，能夠加以克服的人。

——協爾德夫科

　　魯莽和勇敢是不同的。

　　通常魯莽的人只是希望贏得他人的喝彩。這種人對於自己行為的結果，完全沒有加以計算，所以是個有勇無謀者。

　　「我什麼都不怕！」魯莽的人會這麼說。

　　但假如他說：「我做事情常常會很衝動，思考也不夠周密。」這樣也許會更恰當些。

　　勇敢的人會說：「我已經不害怕了。」

　　這也就是說，到現在為止之前他都是害怕的。但為了要盡自己的義務，不得不勇往直前，所以他能夠征服恐懼。

　　許多人儘管能在槍林彈雨中不斷的忍耐，但卻無法忍耐別人的嘲笑。

——安列斯

　　許多人在遇到戰爭、洪水、火災、破產，以及其他災難的時候，能夠發揮無比的勇氣。但是對於認識或不認識的人給予他的嘲笑，卻無法忍耐下來，並因此而喪失了勇氣。

　　這句話，也適用於那些被朋友嘲笑，而使得他沒有辦法拿出勇氣來接受信仰的人。

　　另外，也可以適用於在公司裡被同事嘲笑，雖然感到氣憤，卻沒有勇氣去面對並反駁對方的人。

　　我是否也是常常在想：「別人是怎麼說我的呢？」

　　我是不是這種想法的犧牲者呢？

信仰不足會產全懦弱和瞻怯，這是必須注意的。

——安列斯

尼采曾對一些基督徒說過這樣的話——

「他們沒有表現出獲救的表情。」這是多麼令人驚恐的話。對於他人的意見，當然應該要加以重視，但不能以「我是個膽小鬼」這個藉口而逃避信仰，否則便是真正的懦弱。

我的臉上是否表現出懦弱和膽怯的表情呢？

在這個紛亂的世界上，我是否能屹立在毫不動搖的岩石上，懷抱著喜悅來建立自己的生活呢？

我是否努力學習自己的信仰呢？

我是否能夠更深切的去探索生命的真義呢？

在有勇氣的時候作戰，會得到功德嗎？

——聖·戴雷及亞

在滿懷勇氣的時候去作戰是毫無困難的。像棒球隊在比賽剛開始時一定是意氣風發。但假如分數落後而還能夠持續作戰，那麼就會具有強大的力量。

心靈的生活也是一樣的。哪怕已經失敗，連手腳都折斷了，但仍然不放棄希望而持續戰鬥，這就是勇者的表現。

當我在失望到極點的時候，是否還具有能夠面對失敗的勇氣？當我在接受考驗的時候，是否還能夠擁有持續作戰的力量？

　　失敗了不要氣餒，還是要忍耐與等待，勝利仍然
會屬於你的。

——迪塞將軍

　　迪塞將軍是戰敗的將軍，但他又在戰場中重新站立起
來。他靜靜的看著手錶，計算還有三個小時，以平和的心站
在黑夜中，等待勝利的契機到臨。

　　我無數次下定決心所做的事，不知道遭遇了多少失敗？
我到底該怎麼做才好呢？應該要哭泣還是要低頭認輸呢？
不，我雖然承認失敗的事實，但絕不會像孩童般的吵鬧。這
才是勇者應該採取的態度。必須了解失敗以後要能夠為了重
新獲得勝利，而開闢一條戰鬥的道路，這才是最重要的。

　　在你的心靈戰鬥中，絕不可以被打敗，要盡全力去做。
縱使在失敗的時候，也不可以喪失勇猛之心，必須把握住青
春的力量。

　　惡人會變得更強，那是因為善良的人表現得太懦弱之故。

——達爾文

　　吹拂在海岸邊的寧靜微風，與兇猛狂飆的暴風相比，是多麼的微弱啊！

　　一般而言，好的蘋果不像腐敗的蘋果那樣，具有快速的散播力量。

　　不過，話說回來，具有理性的人類所擁有的善良力量，絕對比邪惡的勢力更強大。

　　世界上的每一個人都必須抓住所有的機會，讓自己以及周邊的人變得更為堅強，更具有正義感。

忍耐就是要拒絕投降！

——佳爾諾雷

忍耐不是現在這個時代的產物。

現在的時代講究的是盡全力向前衝，希望獲得成功；如果不能成功就馬上停止，並轉而去做其他的事情。

學生在數學問題上如果無法獲得解答就馬上放棄……雖然想學外文，但因為不能夠學得很好，只花一個月的時間就停止不學了……

然而，全天下的母親都是很有耐心的，不管孩子如何頑劣，他們仍然一往情深的教導著，她們的勇氣與耐性實在令人感動。

到現在為止，我是不是常常對事物投降呢？

在我投降的時候，我是不是將上天所賜予我的才能全都埋葬了呢？

現在，我的懦弱、我的投降已經變成什麼樣子了呢？

如果不能去冒險，那麼人生就算不上什麼了。

——德萊爾

俗話說：「不入虎穴，焉得虎子。」

許多人為了逃避危險而一生勞苦。就像有的人因為害怕感冒，而忘記了可以到戶外吸收新鮮的空氣一樣；為了明天的計劃與安排，打算而把一切都視為珍寶不敢使用，結果有可能今天就餓死了。

所謂的『冒險』，並不是要你像個瘋子般漫無目標地去做，而是要能發揮正常的功能。

走路的人有可能會跌倒，一直站立的人也有可能失去平衡。什麼都不做的人也許不會遇到危險，但久而久之麻痺了，卻輸掉他的一生。

想想看！當年開疆闢土的祖先，為了後代的子孫，他們冒了多少的危險呢？

為善而能不為人知的人，是很少的。

——辛尼加

　　我不是這樣的人——也許有人會急忙的為自己辯解。

　　我希望大家想想看，如果我需要一個能夠讚美我、鼓勵我、誇獎我的人，那麼我要怎樣去選擇呢？

　　要找一個對於我的動向、弱點都很了解，能夠原諒我的錯誤，而且能夠不斷對我持以善意的人，這種人對我而言，是比任何人都要好的。

　　他能夠走到神的面前，終其一生都在做善事，不會辜負神的所託。就算是狂風暴雨吹襲拍打都不能動搖他。

　　他是抱持著信念，真正勇敢的人。

　　當一個人用欺騙的手段編造謊言，來掩飾他的過錯時，那麼他除了蒙上污點外，還為自己挖了墳墓。

——戴斯雷里

　　每個人都會犯錯，神也知道人類的過失。

　　因此，祂定下了消彌過失的祕密方式。

　　但是在我們向神告白的時候，要求做到的就是誠實。

　　在神的代理者面前，我們常常會掩飾自己的過失，但神卻全部都會知道。

　　說一個謊，要以更多的謊來欺騙，這樣一來，只不過是使我的過失變得更深罷了。

　　不只在告白的時候，在你的生活中都必須牢牢記住——不可以失去誠實。

一種罪惡，就是一種喜悅的喪失。

——普里安

　　表面上膚淺的快樂，只不過是永遠的、深沉的快樂中的一種皮毛罷了。

　　犯罪的人，當他重新得到自由的時候，毫無例外的，他也會承認上述的話。

　　酒醉、好吃懶做、喜歡遊樂的人，也毫不例外的，都會有嫌惡自己的時候。

　　想要得到些什麼，但相反地卻也會失去些什麼⋯⋯

　　想要再重新出發一次⋯⋯但卻會引起人們的猜疑。

　　到現在為止，我的生活是怎麼過的呢？

　　犯罪的人，是一種拒絕接受善良的行為的人，是社會的叛徒。

—— 史納斯

　　罪惡是反社會的東西。

　　犯罪的人會防礙他人的服務，如果他不會防礙別人，那麼別人就能夠得到很多的善了。

　　竊盜、讒言、壞話、謊言等等，都是罪惡。

　　此外，怠惰、爭奪、貪婪的欲望，也是罪惡。

　　如果這些罪惡都出現，那就是將人類的愛給扼殺了，而這將是更大的罪惡。

　　如果你是個愛生氣的人，那麼當你看到別人生氣那種醜陋的樣子，你自己就得好好想想了。

——塔爾克斯

　　不管任何缺點都是一樣的，當你看到別人表現出種種的缺點而顯得十分醜陋時，那麼你一定也會露出厭惡的神色。

　　你是否有虛榮心呢？當你看到別人以自己的家室感到自傲，或者不斷標榜自己的功勳時，你會有什麼感覺呢？

　　你是個貪吃的人嗎？當你在餐桌上看到鄰座的人，急忙伸手夾盤中最好吃的東西時，你會感到不快嗎？

　　你是個愛生氣的人嗎？那麼如果你有時候待在一個隨時可能爆發的火山旁邊，你會感到自在嗎？

　　我的缺點是什麼呢？而我的缺點對他人又造成了什麼樣的不良影響呢？

　　對於自己所有的缺點，我們應該更勇敢的去戰鬥。

　　當你表白自己的錯誤時，就是表現出自己的謙遜和賢良了。

——斯威夫特

　　要時時反省自己的言行與作為。

　　昨天的行動是不好的，在今天能夠認清楚而去告白的話，雖然不算是一件值得特別高興的事，但這也是使自己成為正直人類的一種手段。

　　我在發現錯誤時，能夠立刻告白嗎？或者是一直任性而為，不願意改變自己的意見，而一直保持不安的心情呢？

　　我是否認為向朋友、同事坦白錯誤是困難的事情呢？

　　對於年長者而言，我向他們坦白是否會更困難呢？

　　也許對方因為得勝而誇耀，讓人家感受到他的優越，這樣也沒有關係；雖然他有值得誇耀的東西，我能夠坦承自己的錯誤，也表示我是誠實賢良的人。

　　如果我是一個虛榮、頑固的人，那就是說我是一個愚笨無知的人。

　　聰明的人不會坐在一旁對壞事憤怒，而是會為了改正它，而採取更積極的行動。

——克斯比亞

　　有時候受傷、有時候犯錯、有時候遇到某種失敗、有時候受到某些責罰。在試驗途中屢屢遭遇到挫折，或者被很好的朋友出賣。

　　像這些事情，某些人會認為是無法挽救的悲慘事件。他們會有這種想法，是因為對於所發生的這些事，他們只是坐在那兒袖手旁觀，沒有任何作為罷了。

　　如果在遇到挫折的時候，一直失望、灰心，而坐在那兒什麼也不做的話，那麼事情有可能好轉嗎？

　　應該要處理事情，要把惡劣的狀態和所犯的過錯加以改正過來。我們從這些事件中，才能夠得到真正的智慧和做事的方法。當然，任何事物的成功，都需要一個聰明的頭腦。如果你認為自己不夠聰明的話，你也可以請求比較聰明的人來幫助你。

　　一個拆屋工人在一天內就可以把七百個建築工人所合力完成的房屋拆掉。

——威里耶

　　一個具有專門技術的拆屋工人，在一天之內就能夠拆掉一整棟房子；如果使用推土機，就會更快了。

　　可是如果要再把房子建立起來，哪怕是一個小小的房屋，就算是卯上了勁，找了幾十個工人來做，都必須花幾個禮拜，甚至幾個月才能完成……

　　同樣的，一個人只要在眾人短暫的批判下，就有可能使他所建立的一切名譽全都瓦解掉。

　　破壞的力量往往是比建設的力量來得大，而心靈的建設更需要時時刻刻認真的維繫力量……

所謂「成人」，就是用擦不掉的墨水筆，寫下自己傳記的人。

——德謝爾蘭達

幼稚園的小孩在黑板上寫著：小學生在可以隨時丟棄的紙上胡亂塗鴉；青少年則會事先打草稿……

可是不知道從什麼時候開始，我們必須寫下無法再抹滅的事情。就像無法補考的考試一樣，某些事物的產生，不可能有再來一次的機會。

可是，當我們自己必須拿起筆來寫東西的時候，內心會有許多的恐懼。這就好像一個三歲小孩寫字一樣，他會感到害怕。因此，母親會抓住他的手教他寫字。

成長之後，母親不再握住你的手了。因此，你就開始用擦不掉的筆，來記載自己的一生了。

Chapter

6

痛苦之傷

　　不管在任何場所，我們都要隱藏住自己的憤怒而去作戰。

──安德烈‧莫洛亞

　　過錯、罪惡，總是會在某些地方隱藏，我們一定要和它們作戰才行。可是，不能夠帶著憤怒去作戰。

　　神不會憎恨任何人，即使是罪人，神也會不斷的引導他改過向善。

　　神所憎恨的是罪過，基督就是為了和罪惡作戰，才來到這個世上。而且，他和罪惡作戰就是為了要拯救罪人。

　　可是，世人卻都是愛罪惡而憎恨罪人的。啊！這豈不是正好和神相反了嗎？

　　我希望能夠學習神的精神。

　　在我的心裡，是否隱藏著某些憎惡的對象呢？我對於自己本身或者在我四周的罪惡，是否能夠跟它們作戰呢？

　　或者在我的言談舉止中，是不是宣揚了罪惡呢？如果是的話，那麼我不是學習神，而是跟惡魔學習了。

如果有人對你說第三者的壞話，那麼他也會對別人說你的壞話。

——波爾

說壞話的人，他的目的是為了傷害別人，讓那個人在每個人面前都顏面盡失、地位一落千丈。所以，他要不斷挖掘出別人的缺點。

相反的，如果為了要改正別人的缺點，制止他做壞事，把他從危險中救出來，而讓他知道他的缺點的話，那就不是毀謗，而是愛的行為。

當有人對我說別人的壞話時，我必須好好的警戒才行。這個人又會對別人怎樣說我的壞話呢？

不，除了考慮別人以外，還要想想自己。

我有時候是不是也會不經意說別人的壞話，把危險的毒液一滴一滴的灌注其中，損害別人的名譽，挑起對別人的憤怒和不滿之心呢？

在這世上，沒有比絕望更不好的事了，因為那代表勇氣已經死亡了。

——拉・科爾第爾

某一天，我不小心把強烈的毒藥丟在花壇裡。過了二、三天以後，所有的花卉都枯槁了。

因此，我發現到絕望就好像餵自己吞下毒藥一樣。這樣一來，當然你也會垂頭喪氣枯槁而死了。

我當然會把自己該走的方向對準光明所在的太陽，這樣就能消毒壞的傾向，使我心中的痛苦能夠沐浴在光和熱中，生氣蓬勃的活著。

我是否容易陷入絕望中呢？

為了戰勝絕望，我通常會怎麼做呢？

從現在開始，我要怎麼做才好呢？

　　有些經驗是傷害我們的所有武器中，所產生出來
的戰利品。

——馬爾丁

　　當一切事情都不如我所預料的這麼順利時，為什麼我會
失望灰心呢？

　　不管是做學問也好，工作也好，甚至生活也好，為什麼
只經歷過一次的失敗、失落，就感到頹喪了呢？

　　到現在為止，我被一直信賴的人背叛，並且體會到朋友
的忘恩負義。為什麼這點小挫折就使我灰心喪志了呢？

　　當然，這一切都是為了使我的經驗更豐富。所以，這些
都不是我所必須在乎的。我唯一需要考慮的是該如何去做，
才能使自己真正投入信仰的懷抱。

　　人生的道路充滿著危險和荊棘。可是，只要我能夠到達
頂點，那麼這些危險和荊棘就根本算不了什麼。

心胸開闊的人，通常都會閉嘴。

——中國俗諺

　　有的人每次開口，所講的都是壞話或讒言，這些人也許恨不得嘴巴能夠一直張開到耳朵為止，如此他們想要說的話，就能毫不考慮的盡情說出來。

　　像這樣的人，他們絕對沒有同情、憐憫之心，也不會為別人的立場來考慮。

　　如果我們對上述的事情加以反省的話，就能夠了解到，這些人的心胸實在太過狹窄了。

　　所謂的愛，就是能夠開闊心胸、使人能夠閉嘴的東西。

　　自私的人，則正好相反。

　　我到底是哪一方面較為廣闊呢？

　　是我的嘴巴，還是我的心呢？

　　如果你有指摘別人為惡的時間，那麼你還不如拿
這個時間去做一件善事較好。

——提邦

　　有些人以為指責別人的惡事，是一件很了不起的事，像
這樣的人，每天都在說些讒言或壞話，而且自認為很有意
義，覺得過這樣的日子很滿足。

　　無論是男性或女性，都有人在做這件事情。

　　到了傍晚，請你把裝了你一整天所說的話的字紙簍倒出
來看看吧！你在那兒到底發現了什麼呢？

　　如果只是為了指責別人的為惡而加以批評，難道這樣就
能夠推動真理與和善了嗎？

　　光是說別人的壞話很容易。可是，若要為善，哪怕是一
件小小的善事，想要積極去實行的話，都是非常困難的。

當你要開口說話時，你所說的話必須比你的沉默
更有價值才行。

——阿拉伯俗諺

這世界上最缺乏的東西就是沉默。

如果每個人都是基於道德理念而說出須要講的話，那麼
世界的形象一定會完全改觀。

說話並不只會製造噪音，有時候容易流於讒言、謊言、
毀謗、吹牛或是虛榮心。如果沒有這些不好的事，那麼世界
就會和平了。

如果跟一個愛說話的女性結婚，或者必須聽鄰居對商店
的宣傳，甚至在車上跟一個不認識，卻想找你說話的人談
話——這些事都令人感到困擾，而這些人也都是可憐蟲。

但是，我自己又是怎樣的呢？

我的話是否每一次都比沉默更有價值呢？

我是否時時反省自己滔滔不絕的言語，會給他人帶來困
擾與煩厭呢？

不要憎恨兄弟，而要憎恨彼此間所造成的惡因。

——波耶爾‧夏爾

如果想要做到不去怨恨破壞自己友情和家庭的人，那真是一件很困難的事。

但是，信仰卻要求我們要做到這一點，教我們不要憎恨他，而只要憎恨他的惡行就可以了。

我們對於自己的生活，也要放開眼光好好的看一看，是否隱藏著同樣的惡根。

如果你這麼做，就能夠拿出原諒對方的勇氣，而同樣地神也就能夠原諒自己了。

誰對我做了惡事呢？

不，應該考慮到我是否對誰做了壞事？

要常常對自己的良知反省。

要像選擇食物一樣，慎選你的言語。

——亞格斯·提努斯

吃東西時，如果看到湯裡掉進一根頭髮、肉的顏色不新鮮，或者蔬菜沒有洗乾淨，我們就會覺得不舒服。

看見了這類的食物，會令人感到反胃。

可是，我們卻沒有注意到自己所說的話，是如何的傷人，是如何的讓人覺得噁心。

我們所說的話，給別人帶來什麼影響，很多人根本沒有注意到，只管自己說得出口，就心滿意足了。

因此，每個人都必須好好注意自己所說的話才行。

人的嘴巴是封不住的。

——日本俗諺

各種八卦、傳聞、壞話、毀謗、悄悄話……有人說：嘴裡說出的話是不用付稅金的。

所以，我們常常會輕易而任性地就說出心中的話，而使許多人感到傷心。

有的人甚至因為自己的嘴封不住，不斷說出惡毒的話來毀謗他人，而感到揚揚得意。

這時候我們應該想想聖亞克波的話。他認為不會亂說話的人，是一個完美的人。而且他的全身都好像配上了馬轡一樣，不會隨便亂來的。

有的人喜歡去窺探他人的私生活，然後向大眾宣傳。看到人家一寸，就把他誇大成看到一尺那麼多。這種低級趣味以及自滿的表現，是我們必須加以警戒的。

壞話是從嫉妒中產生出來的。

──葛雷‧哥里歐

昨天我說別人的壞話是為了什麼呢？是為了保護我自己的名聲嗎？

最重要的是我必須檢討：為什麼我會要說別人的壞話呢？是因為嫉妒嗎？

是的，快去探求自己的心靈深處，幸運的話，也許真能找到這個污穢的根源……

當我們嫉妒別人的時候，我們應該學會先向自己的內心告白……

真正的希望，都是來自於已被你克服的失望。

——裴利

從來沒有體會過失望滋味的人，很容易就擁有希望……

真正的希望，是從你想要將絕望連根拔除中產生出來的，這時候，你的心中對自己的信賴也開始冒芽了。

如果失望從來沒有來到我的面前，也沒什麼好高興。

對於真正想要往上爬的人而言，失望是每天支持他上升的精神食糧……

為了要吹散你心中的陰霾，你會不斷地接受他人的恩惠。這樣，在你的心中，希望便開始成長了。

如果不能戰勝失敗，就不能算是一個人。

——摩里

　　當你遇到失敗時，如果不能夠超越它，那麼就不能成為真正的人類。考試失敗，或不被某公司錄用，就認為自己是個無用的人，已經毫無希望了。如果你有這種想法，或者認為自己犯了許許多多的錯誤，所以說自己已經不是個完美的人，那你還能算是一個人嗎？

　　當我遇到失敗的時候，是採取什麼樣的態度呢？

　　我是否感到自己一無是處，灰心喪志呢？

　　如果是的話，那麼我必須自我深切反省才行。

三分鐘默想

憂鬱，是惡魔為我們準備好的果實。

——朱利安・格林

研究人類心理的格林，是比誰都能夠了解誘惑魔力的人，因此，他也知道惡魔活動的最好時機，就是在人類憂鬱苦悶的時候。

憂鬱就像霧一樣，能夠遮蔽人的理性，使人意志力衰退，想像力變得零亂，而產生出一種幻象。而這一切全都是為走向邪惡的道路所做的準備。

我會不會被灰心、怠惰、慾念等不好的事物所引誘呢？引誘我的最好時機是什麼時候呢？是在我堅忍的時候？是我生氣蓬勃活動的時候？是我為他人服務的時候？還是我在盡自己義務的時候呢？

都不是的，是在我寂寞、無聊，或是感到憂鬱的時候。這個時候，就是人類成為誘惑的餌食的時候。

即使受到責備也不要灰心，即使受到誇讚也不要得意忘形。

——洛貝爾森

不要走入極端……

為什麼呢？因為不論是誰受到責罵，一定會感到悲傷；受到稱讚，都會狂喜的心跳不已。不管是被誇獎或被責罵，如果毫無任何感覺，那只能算是機械……

對於家庭、集團、公司等負有責任的人，應該要擁有責罵或誇獎別人的技術。但心中要常常存著仁厚，避免太過分的表現；要時時注意到你的責罵或誇獎，會帶給他人什麼樣的影響……

我是否注意到上述這幾點呢？

當我被誇獎或責罵時，我的反應會不會太過強烈呢？

愉快的生活能讓我在任何場合都保持心情平和。

最糟糕的不是跌倒，而是跌倒以後，還一直坐在地上不肯起來的人。

—— 米歇爾・庫瓦依斯特

前進的時候，不管是誰都會有跌倒的危險。縱使是站在那兒不動的人，也有可能會跌倒——因為他太懶惰了。

但是如果不能夠馬上站起來，就是一種致命傷。

為什麼呢？因為在你的潛意識中，已經承認了自己的失敗……犯罪的人是很可惡，可是拒絕坦白自己罪惡的人，更加可惡……

沒有人不會跌倒……

我是跌倒以後馬上能夠站起來的人嗎？

因為我不希望常常跌倒，所以我希望犯錯之後，能夠馬上改正，並且重新站立起來。

如果討厭罪惡，那麼我們就和神很接近了，因為神也是討厭罪惡的。

——丘培爾

通往天堂的路很多，確實可知的一條道路就是必須討厭罪惡、遠離罪惡。

不信仰神的人，認為自己距離神非常遙遠。

無神論者否定神的存在，而佛教徒也不會百分百贊同耶穌基督，但是如果他們也是真正討厭罪惡的話，那麼他們離神也就不遠了。

如果你只有星期五不吃肉，而且只有在星期天望彌撒時，才覺得自己和神很接近的話，那麼你大部分的時間就是向罪惡低頭了……

我是否經由告解，讓神了解到我對罪惡的嫌惡呢？

在你的意見中，認為自私的人是什麼樣的人呢？
你可能認為完全沒有考慮到你的人，就是自私的人。

——巴比休

當我和自己心目中所認為自私的人站在一起時，會發覺
到這些人和我的做法、想法、趣味是不相同的，所以我認為
他們是自私的。

「我的父母親是自私的人，我的朋友所願意給我的東
西，他們都不願意給我！」

但這一對雙親，可能是因為更愛自己的子女，為了保護
子女，才這麼做的吧！

「N 君是自私的人，他不願意和我們一起去遠足！」

可是 N 君為什麼會這麼做呢？因為他必須幫助家人，
或是自己謀生，而在外打工。

你是否曾經把自己列入自私的名單中呢？

憎恨自己的人，他心中仍有很多自傲。

—— 貝爾那諾斯

　　有人因為經驗欠缺、才智不足而失敗；有人明知山有虎，卻偏向虎山行。因此，就無法避開危險⋯⋯

　　有人雖然憎恨自己、輕視自己，但事實上仍是很自傲的。這就好像在一項罪惡上又加上一項罪惡一樣⋯⋯

　　一個人如果願意承認自己的罪惡，就要抱持謙遜的心，不可自傲。為了獲得自由，必須重新開始向惡勢力作戰⋯⋯

　　主不斷地為我們開闢生活的道路，而且祂希望我們能夠變得更好。祂希望我們向祂告解，不是為了要將怠惰的人變得勤勞，而是希望能引導那些犯錯而認清事實真相的人⋯⋯

只有偉大的人，才能以寬容來改變自己的不幸。

——耶格威斯特

　　我知道這樣一個偉大的人，他是一位父親。他原本已經是一個不再信仰神的人，可是自從他的兒子因為飛機失事死了以後，他並沒有沉入絕望的淵源中，反而提起勇氣回到神的身邊。不只如此，他回到神身邊的時候，也成一個堅強的人。他回到了人們的身邊，把人們都當作是自己的兄弟，盡自己的力量來解決這些兄弟們的痛苦……

　　不幸就好像是神賜給我們的一杯苦酒或一頓痛苦的鞭打。老實說這並不能算是真正的不幸，而且在很多場合中，它反而是幸福的根源。

　　經由不幸，我們就能夠認清自己真正的形象，回到神的身邊，而且能夠以寬大的胸懷對待他人。

　　當我的生活遇到不幸時，我是否能夠以寬容的心來加以改變呢？當我遇到不幸的時候，我不會失望，因為我已認清愛的真諦。

　　為什麼要怨恨別人呢？我們就好像在同一艘船上的人員一樣，彼此有連帶的關係。

——聖・齊克丘培里

　　在豪華郵輪的甲板上，有錢的客人正在那兒興致勃勃的遊玩著。而在下面的機艙裡，有許多沒沒無聞的人在那兒辛苦工作，汗流浹背。可是，當船遇難發出求救信號時，每個人都變成站在平等地位上。

　　這時，如果有一個最強的人建立起法律，使大家不能夠一律平等，那麼就有可能產生出相互憎恨的危險。

　　最具有價值的連帶性，就是你服務他人而他人也為你服務。可是有時也會出現左右為難的時候。

　　不管怎麼說，你對他人或他人對你，就看你是採取什麼的心態，人可以是神，也可以是惡魔。

惡習所花費的金錢，比養兩個孩子還要多。

——富蘭克林

　　養一個小孩確實要花費很多的金錢，而且這單單是指小孩的身體成長方面。此外還有居住、服裝、教育、娛樂、醫療等等，都是必須花費金錢的⋯⋯

　　而我對於自己所必須的東西，使自己方便的東西或使自己快樂的費用，是否曾經計算過佔了費用的多少呢？如果能夠稍加計算，那麼也許就會對自我的要求少一點⋯⋯

　　算算一個家日常生活的費用，也許有的人會說：「孩子們用的錢已經夠多了。」可是說這些話的人，他們對於自己的惡習或者嗜好，付出了更多的金錢⋯⋯

　　如果每個人在某一天都能夠停止自己的惡習或嗜好，那麼所省下的錢可以讓子女受更好的教育⋯⋯

　　每天反省有沒有做出違背良心的事，有沒有愧對
他人？這是個人修養中最重要的事。

——松下幸之助

　　我在雨中等不到巴士，於是詛咒巴士公司和駕駛……打
電話給獸醫，請他來看家裡的小狗狗，過了半個小時還沒有
來，於是我大發雷霆……

　　但反觀我自己呢？不知道曾經讓其他人等待過多少次，
我是否曾去細數過了呢？

　　在我祈禱時，我正正經經的向神做了很多的要求，可是
神卻沒有不耐煩、也沒有不願意分配一些時間給我。

　　具有無限耐力的神，是否曾對我說過——「放蕩的孩子
啊！你已經夠了，我再也不願意等待你了！」

世上最大的組合，就是不滿的人所組成的組合。

—— 皮耶

　　我是否也屬於這個組合中的一員呢？

　　我對於什麼事情不滿足呢？我覺得吃不好，還是在餐桌上找不到自己愛吃的東西、想喝的飲料呢？是我住在破屋子裡沒有暖氣，使我感到冷得發抖呢？或者是我的父母不願為我買時髦流行的衣服呢？

　　如果我已經有了生活必需品，而還要顯出一副很不滿的樣子，那麼，我就好像小孩一般的任性。更進一步說，這是我對世界上貧窮人的一種侮辱……

　　你非常健康，而且頭腦清醒，想要工作就能夠工作……可是請你稍微看看四周吧！有多少人生病，有多少人不能夠工作。如果你能夠稍稍為他人設想，那麼你所有的不滿，自然就能夠消失了……

沒有用油潤滑的齒輪，所發出的聲音最響。

——聖·法蘭西斯

　　一個技術員使用精密的儀器在工作，這是一個非常沉靜的工廠……老師從講台上走下來，好像朋友一樣在每個學生的桌前來回走動，大家小聲的在那兒探索檢討，這是一個寧靜的研究所……兄弟姊妹不會互相爭吵，而在同一盞燈下靜靜的看著，這是一個祥和的家庭……

　　如果對於他人不像一個沒有用油潤滑的齒輪那樣，任意發出吼叫，那麼就能收起自己的虛榮心、任性，以及惡劣的情緒，而在團體中大家都能夠發出美妙的音響，這是一個多麼美好的世界啊！每個人都能從這寧靜的氣氛中學習到真正的道德與愛……

　　一個真正幸福的人，就是平靜地活在世上的人。

当你無情的批評不在場的某個人時，我希望你要知道，這餐桌上並不希望有一個說人壞話的人。

——亞格斯‧提努斯

亞格斯提努斯以拉丁文把這句話寫在自己的餐廳裡。那麼他和祭司們，通常討論的又是些什麼話題呢？

反對他的人並不會嘲笑他。每一個人都會以各種不同的思想為話題來討論。他們不會去批評某一個自私的人，而會就當時的美術或是入侵蠻族等政治的話題來討論……

你是否也把以上的話刻在你的腦海中呢？

當你談論某個女孩、某個男孩、某個小販、你的老師、你的上司、我們的市長，或者是你的鄰居時，希望你先考慮考慮亞格斯的這句話吧！

當你要批評這個社會之前，請先等你的嘴巴空下來再說。

—— 某一個母親

一個行為端正的人，是不會隨意批評他人，尤其是在拿到菜單的時候，那會影響等一下的胃口。

但是我們常常會在無意中批評他人。有時我們會對社會的某些現象加以評論，也許這麼做是為了促進社會更新，能夠改善自己的生活。

但是人類的慾望是無窮盡的，從電影院到百貨公司，從珠寶店到宴會，從運動場到餐廳，我們會對很多的事感到不順心……對於自己的事都會感到不耐煩的話，那麼我們更會對別人所表現出來的感到厭煩。

我們應該時時警戒對自我的批評。批評自己雖然是件好事，但在你批評自己的時候，容易讓他人發現自己的缺點，所以你必須要多多地忍耐才行。

「我們會對許多的事情加以輕視，但這是為了我們不要輕視自己而做的！」拉羅休夫科曾這樣說過。

和狗一起睡覺的人，會和跳蚤一起起床。

—— 法國俗諺

這句話中的跳蚤，是指我所擔心的事、我的憂鬱、誘惑、麻煩、憤怒、不滿等等。

與其和這些困擾一起擁抱入夢——雖然經常如此——還不如避開它自己上床就好了。

我是否曾經和這種「危險的狗」接觸過呢？

採取斷然的措施，用殺蟲劑來消毒，要比事後和討厭的跳蚤妥協更有價值。

此外，為什麼我們不能以旺盛的精力，來使自己的道德更為健康一些呢？

　　某個人擁有兩棵樹，一棵是活的，另一棵已經枯死。但是那個人還是頑固的只為枯死的那棵樹澆水。有一天，當他醒來之際，他會發現手邊只剩下兩棵枯死的樹。

——培里克斯

　　某個女孩很注意的聽我說話。但是我對她說的，卻是我自己一連串的不幸，結果那個女孩再也沒有來過。

　　事實上，我們的談話在某些時候會使他人悲傷，會使他人喪失生命的喜悅。為什麼呢？因為一連串不幸的回憶，在自己的生活中就好像為枯死的樹澆水一樣。如果心中不斷想起自己的失敗，以及抱怨自己的不幸，那就不可能有為明天奮鬥的勇氣了。

　　我雖然曾經犯錯，但是卻得到人們的諒解。有時候我們並沒有考慮到別人已經原諒我們，還是不斷地回顧自己的錯誤與不幸。這樣一來，我們就不能夠將喜悅與他人分享，而只能停留在孤獨的路上了。

對說謊者的懲罰，就是任何人都不會再相信他。

——蕭伯納

　　有時候，說謊的確會帶給人方便。

　　在遇到困難時，如果能夠說一個很好的謊話，那麼就有可能把事情解決……可是，事實真是如此嗎？

　　由於這種戰術運用成功，所以就會接二連三地運用它，逐漸成了習慣，說謊技巧也達到爐火純青的地步！可是，卻也因此所說的謊就愈來愈大了……

　　像這樣，經過長久一段時間，在表面上雖然和以前一樣完全沒有改變，但是，這個說謊的習慣已經浸入到我們內部。也許你會開始擔心，不知道什麼時候，專門說謊的自己，也會被別人的謊言所騙。而且與你親近的人或是你的朋友，都會開始對你產生不信任與抱著懷疑的態度。

　　所謂的「真實」，就是要有一顆單純坦白善良的心。

　　從真心話到失言之間的距離，只不過是從耳朵到嘴巴這麼短的距離罷了。

──桑・普提

　　要找一個能夠幫你保守祕密的人是很不容易的。

　　義大利有句俗語：「祕密停留在別人的身上，會從別人的口中飛出去。」

　　有的人想到了這句話，就會感到失望並且對人抱持警戒之心，不敢與人親切交往。可是我希望你不要長久抱持著這種想法。

　　最好的做法就是根本不要有任何見不得人的祕密。對許多人而言，這也許是很困難的。因此，從今以後就前往坐得正、行得直的方向去前進……

無聊寂寞，是平凡人的象徵。

——亞爾貝爾一世（比利時國王）

　　為什麼他們會覺得無聊寂寞呢？因為他們在孤獨中發現了自己的孤獨。

　　我為了能夠找尋生命的喜悅而走到海邊，但是卻什麼也沒有發現。我為了有美好的體驗，追求強烈的刺激，找尋新奇的東西，不知道走了幾千里的路，但卻失望而回。

　　可是在我附近的某個人，並沒有像我一樣走到很遠的地方去，但他卻獲得了幸福的休憩而神采奕奕。

　　為什麼呢？因為他抓住了人們用來感嘆的時間而加以利用。他並不以開著車子到漁村去拍照就感到滿足，而會走到海邊去過著像那些樸素的漁民所過的生活。

　　他注意到其他人的孤獨，因此得到了愛。

要使我們從不幸、生病、憂鬱中站起來的最好方法，就是培養對工作的興趣。

——波特萊爾

暑假就是希望人們能夠再一次建立這種興趣而設的。最近常看到勞工和學生走上街頭抗議，他們為的是什麼呢？也許他們是希望世人能夠愛他們的工作。

失業者的真正不幸，就是如果他們對於不做事已經習慣或者精神已經開始退化。落後國家的悲劇在哪裡呢？就是不管他們怎樣拼命的工作，只是為那些已經富有的人賺取更多的金錢罷了。

推動人們不斷工作的原動力是什麼呢？是為了希望自己多存一點錢，或者是希望自己更像一個人類？

是為了自己的朋友或所愛的人而不斷的工作嗎？

我的野心到底是屬於哪一種呢？

三分鐘默想

　　沒有人是誕生在不幸的星球上，只是有很多人都不能夠好好的看天空。

——達拉依拉瑪

　　一個雖患有小兒麻痺症的瘦弱小女孩，她在生活中依然是天真可愛從來不覺得自己有什麼缺憾。

　　有一天，這個小女孩問她的母親：「媽媽，有人說從幸運星球上誕生下來，這是什麼意思呢？」

　　母親回答她說：「那是說某些人不管做任何事都能得心應手，獲得成功。」

　　女孩聽到之後，想了一下下，喃喃自語說：「那麼，我也是其中之一。」

　　此外，還有一個殘廢的年輕人，他因為自己沒有地方覺得痛苦而感到很幸福。但是他感嘆的說道：「真可惜，我能夠給予別人的實在太少了。」

不安，不是神所賜給我們的。

——培里基爾

我常常會被過度的不安所困擾。

我所擔心的包括自己的健康、風評、親友、金錢、帳目，以及將來的事情等等……我雖然擔心這些，但我還是保持在和平的心態下，去信賴主的真理。

「看看山谷中的百合，它既不考慮播種（傳承），也不擔心被人採摘（死亡）。」

我們所有希望得到的，一直在找尋神的幸福，世唯有在寧靜和平中才能真正得到。

神本身就是一個寧靜和平寧靜，祂的心比我們一心想要追尋的幸福還要大。主啊！我把所有的擔心和不安全都交給您，只求您賜給我寧靜和平寧靜。

　　能夠安慰不幸的唯一東西，就是散散心。可是它也可能為我們帶來更大的不幸。

——巴斯卡

　　不管是誰，許多人都不能夠看到真正的自己，也不能夠從各方面去發現到自己的不幸。所以根本就不會自我反省，只想靠著散散心、遊玩來忘掉一切……

　　有人說：「我沒有思考、祈禱與參加聚會，或是好好休息的時間。」可是他卻有閱讀無聊週刊雜誌、看電視，一整晚跳舞跳到天亮……

　　要對自己正直、真實，要做到這一點是多麼困難啊！

　　我自問：在一天當中用來反省的時間佔了多少呢？我娛樂的時間又用了多少呢？而我娛樂之後是為了忘記一些什麼樣的不幸呢？

　　主啊！為了能夠意識到悲慘不幸，所以我要減少自己娛樂的時間。

　　我們的生活是不會再回頭的，也不可能一直停留在昨天。

—— 紀伯倫

　　你以往一直過著無憂無慮地快樂的生活，從沒有想到要為將來做一些好事⋯⋯

　　現代的青少年根本沒有什麼理想，對於名譽、服務、獻身的偉大傳統都失去了。

　　關於這一點，你是否曾經考慮過呢？如果你考慮過了，那麼我希望你能自我警惕，也許哪一天你會失去一切。

　　紀伯倫這句話的意思就是說，也許你會在不知不覺中，進入一個無可救藥的狀態，變成生活的逃亡者。

　　你現在感到悲傷嗎？那麼你趕快找個機會為他人服務吧！

——賈克·克爾

　　有個神父救起一位自殺的青年，然後他怎麼做呢？他拜託這位青年死前做最後一項服務。

　　「在你自殺之前，無論如何請你把這個小包裹，送去給住在這個地址的人。」

　　那個地方是貧窮人所居住的地區，許多可憐的人正在跟生活作戰……青年看到這個情形便領悟了。

　　所以我們知道，要治療悲傷的藥不是去看電影明星，因為這些電影明星所表現出來的，永遠都是看起來比我們還要幸福的臉，去看一些不幸的臉吧。

　　真正的幸福，是你能夠把幸福與他人分享。

　　如果你把失敗的想像加以肯定，那麼你就已經是失敗了。

──佛西將軍

　　「我戰勝了罪惡。」主曾經這麼說過。

　　如果認為自己無法抵抗來自四面八方的可怕力量，那麼，這種人應該去找尋同盟者。

　　「我不希望你們成為孤兒。」主這麼說著。於是，他把信徒集中起來，為他們找尋安身的教會，然後，把自己的靈魂送給了他們。

　　會將想像中的失敗，擴大在自己的意識之中，這就代表你在做一件事時，已經「未戰先敗」了。如此，那件事當然不可能成功的了。

無聊寂寞，是經由懶惰而來到這個世上。

——拉格里耶爾

寂寞無聊並不會因年齡而有所不同。

當然，通常這是少年期所犯的毛病。可是，在這個什麼事物都容易得手的年代，很多人都很容易陷入寂寞無聊中。

也就是說，當你不願展開雙手迎向生活，也不願伸手幫助他人前進的時候，你就會開始感到寂寞無聊了。

如果一個人不能夠對別人發揮任何功能，那麼就表示他沒有任何價值。

——迪卡爾特

某個寡婦，身上只剩下兩塊錢，所以她認為自己已經是一個對任何人都毫無幫助的老太婆了……

可是，神卻不會這麼想。

自己不管對任何事或任何人，如果都已經毫無幫助了——不知道有多少老人甚至有許多年輕人，都會有這種絕望的想法。可是他們能夠在信仰的光芒中得到真理，重新站立起來。

我們經由聖人的功德而能夠幫助他人。我們只要奉獻出小小的犧牲，譬如說：節制抽菸、停下腳來對人微笑、把心中所殘留的痛苦一一捨棄，或者靜下心來做一次虔誠的祈禱……這一切都是為了救助世界所發揮的功能。

千萬不可以讓你的視野愈來愈狹小。

悲傷就像樹立在兩個花壇之間的一道牆。

——紀伯倫

　　悲傷最後出現的結果，就是使得我們遠離他人。就好像美麗花壇的青翠草木一樣，到昨天為止和我一樣保持心情平和的人，已經消失了蹤影。他們所開的美麗花朵，以及互相幫助的果實，都因為碰到了我悲傷的牆壁而消失。

　　什麼時候？為了什麼？連我自己也不了解。我所建立的這道奇怪的牆壁，是妨礙他人進入我內心深處的花壇。

　　我內心深處現在最大的欲望，就是能夠出去看一看，嗅一嗅美麗花朵的芬芳。

　　朋友！每一個人都有權利飛越這道悲傷之牆！

火能夠冶鐵，災難能夠鍛鍊我們的心靈。

——克里耶

鐵這一類的金屬，對太陽不會感到敏感。所以要想鑄鐵的話，必須要有更高的熱度才行。人類的心也是如此。

只是在每天生活中的試煉，不能夠找出平凡和寬大的心之間的差異。要想證明一個靈魂的價值，必須讓他不斷接受強烈的打擊，這樣就能夠了解了……

我是否有接受強烈試煉的時候呢？

在那時候我會表現出什麼樣的反應呢？

我為了要更接近神的身邊，所以必須事先做好心理準備，好迎接生活的各項挑戰。經由很多宗教教義的引導，使許多的人能夠走向英雄的道路。

　　你不要試圖讓自己的孩子遠離他四周的考驗，你
應該教導他如何去戰勝考驗。

——帕斯特爾

　　一個父親，他把自己的兒女像幼苗一樣的加以保護著，
幾乎使他們窒息。結果到了某一天，這棵幼苗長大了，無法
結果，他就以這種不成熟的姿態步入社會中。

　　母親會拼命的把自己的小雞藏在羽翼下保護著，也不告
訴牠們任何的痛苦。這些瘦弱的雛雞，還是一樣的瘦弱，可
能無法抵擋狂風暴雨的吹襲。

　　這些沒有經歷過任何的苦痛，受到父母溺愛的孩子，他
們對於社會的險境一點也不了解。

　　這些都是可憐的孩子啊！

　　我自己又是怎樣呢？我是否教育出這樣的子女呢？或者
我自己也是像這樣的子女中的一個呢？

生活並不是像越過平原那般的舒適。

——俄國古老諺語

生活，難道是像慢慢流經綻開美麗花朵的平原一般的小河嗎？如果你這樣想，那你如不是溫室的花朵的話，就代表你還太年輕，人生經驗太缺乏了。

人生並不是這樣的，而是像穿過岩石縫進入大海的河川。中途可能會遇到枯枝、石塊、漩渦，甚至大岩石，還有人類所做出來的障礙。當然，有時候也會碰到淺灘。可是，你不要想停留在那兒，應該要早點奔向大海才行。

在我的生活中，有什麼樣的阻礙呢？這些阻礙是我早就知道的，還是突然產生的呢？當然，也有來自大自然以及人類力量的阻礙。如果對於這一切的阻礙，我只是一味地埋怨的話，那麼，我還不能夠了解真正的人生。

要拿出勇氣來，如果你想到達完全平和的大海，必須像山谷中的河川那樣，經過長遠的努力才行。

障礙是為了使人超越而產生的。

——佛休

　　許多人看到自己面前有障礙，不會想到要跳過去，就這樣作罷，捨棄了戰場而後退。

　　這麼做是不行的。不管要經過幾次，在成功以前必須超越所有的障礙，要不斷努力。

　　甚至世界最高峰都會不斷的接受人類的挑戰。

　　道德生活也是一樣，上蒼給我們的試驗就是希望我們能夠拿出自己的力量來超越它。

　　不要讓我們成為畏懼障礙的懦弱者。

在鞋子裡的小石頭，能夠引導你走向天國。

—— 聖·法蘭西斯

　　如果在路上有顆小石頭，把它踢開就可以了。但在我們的鞋子中，有時候也會有小石子，使我們的腳感覺不舒服。

　　與那些文明落後、遙遠國度的人所恐懼的痛苦相比，這些小石子所帶來的痛苦，根本算不上什麼。

　　人類有時會有受到風濕痛的折磨；有時會週期性的憂鬱心情；有時因為某人沒有對我微笑，今天的心情就感到一片晦暗十分低落。這一類細小的事情，就好像鞋中的小石子一樣，時時刺痛著我們。

　　現在，在我的心中被什麼樣的小石子所刺痛呢？

　　我當然可以丟掉它，但只要繼續前進，就又會有其他的小石子進來了。因此，只要能夠忍耐小石子所造成的不變，這樣就能夠慢慢地走向光明的道路。

沒有經歷過痛苦的人，什麼也不知道。

——聖經上的話

　　沒有經過肉體上或精神上的考驗，那麼這個人就會缺乏勇氣，缺乏愛。

　　只有承受痛苦以後，才能夠真正的把人的心靈開展，使人能夠同情別人、原諒別人。

　　痛苦雖然是人類所極力想逃避的，但當痛苦無法避免時，我們應該以更大的勇氣去面對它——畢竟痛苦不會是永久的，它是一個過程。

　　想要品嘗成長的甜美果實，就必須擔負成長過程中必然的苦澀。痛苦可說是成長的肥料，它幫助我們更加茁壯。

沒有試煉的生活，就是最大的考驗。

——馬森

　　沒有試煉的生活，對生活來說是一種損害。就好像沒有遇到任何的困難，而逐漸向外擴展，到後來終於停止流動，變成沼澤而乾涸的小河一樣。

　　不知道有多少人經過考驗以後，才能夠再回到正道來。

　　人類的生活也是一樣。我們的生活能夠擴展、能夠成長，不正是因為經過了考驗，經過了痛苦嗎？

　　因此，我必須拿出勇氣，拿出力量來戰勝痛苦。

　　現在，使我痛苦，在考驗我的到底是什麼呢？為了要讓我生活得更好，我應該要如何來好好的利用呢？

不能從痛苦中求取教訓的人，永遠都像個小孩。

　　　　　　　　　　　　　　——Ｎ・特馬賽歐

　　人類如果能夠從心中擁抱痛苦，那麼是很賢明的。

　　逃避痛苦是人之常情，就好像因為藥很苦而叫嚷著要加糖的小孩子一樣，但我們不可能當一輩子的小孩。

　　讓我們感到喜悅的感覺有五種（視覺、聽覺、味覺、觸覺、嗅覺）而痛苦則是附著在我們的身體表面，意即我們不可能避開痛苦的。所以，與其嘆息，不如看得開些；與其叫嚷，不如沉默；與其失望，還不如靜靜的祈禱吧！

　　能夠以喜悅的心迎接痛苦的人是很好的，因為他能夠了解痛苦，因而產生出具有深切同情的人性。

　　我們都須覺悟到，人生不是一場遊戲，而是每個人都該盡他們應有的義務。

　　與其因為使我們感到喜悅的東西而覺得滿足，不
如因為從我們身上除去了什麼東西而感到滿足。

——布倫帝爾

　　如果我們只是注意享受，那只是一時的歡樂，到最後只
會剩下一顆空虛的心。人類並不是永遠只圖享受的動物。

　　有人像柏拉圖式的生活在世界上，而也有的人則像巴斯
卡派的人，為了所謂的思想世界而活著。

　　當我們的四周有個顯出犧牲甚至痛苦的臉色，或者當我
們本身感覺到有某種缺乏的時候，我們應該會覺得滿足。如
果這種缺乏是一種單純的、精神上的，而且永遠都會產生出
一種靈魂存在的喜悅，那麼，我們就會感到滿足。

　　在夏提里教堂圓形天花板上，有一個展開翅膀的天使穿
著綠色衣服的像，旁邊刻著「希望」兩個字。在我們靈魂的
圓形天花板上，也會永遠刻著代表希望的文字。

　　經歷痛苦並不是最重要的，重要的是我們應該怎
麼去迎接痛苦的考驗。

——提邦

　　有人說他從來沒有接受過什麼考驗，好像一輩子都過得
平平安安、順順當當的。

　　雖然我們常常會誇耀這一點，但我們卻無法完全排除不
會碰到接受考驗的時刻……

　　前面不是說過「在鞋子裡的小石子，能夠引導你走向天
國！」這是聖・法蘭西斯所說的話。在鞋中的小石子，能夠
使不斷走動的腳的敏感部位有所感覺。

　　現在我的考驗是什麼呢？

　　而我對這種考驗又抱持著什麼樣的反應呢？

　　我的生活也許在別人看來都是一樣的，但是我能夠能從
考驗中看出自己的生活嗎？

痛苦也是一條祕密通道。

——耶里札貝特

　　所謂的祕密通道，就是神為了讓世上的人知道祂的存在，而傳達給人們的感覺……但除了這種祕密通道以外，難道神沒有其他的方式從我們的身旁經過了嗎？

　　當然有的，那就是祈禱、純淨的心、貧困以及愛。

　　此外，我們能夠忍受的痛苦，也是神藉以來到世上，為我們開拓人生大道的一種方式。

　　這些痛苦包括失去孩子的母親的痛苦，作生意失敗的父親的痛苦，以及認真準備了許久，但卻考試失敗的學生的痛苦，或是長久臥病在床，身體卻一直無法好轉的女孩的痛苦……痛苦在人生之中，幾乎無所不在，根本無法逃避，也逃避不了的！

痛苦並不是加諸在人類身上的傷害，而是給予人類耕種的福田。

——克里耶

為了要有更多的收穫，我們必須使土地更為鬆軟、肥沃，才能播種加以深耕，讓作物成長。這是上蒼為使我們生存所訂下的自然法則……

例如，石頭愈大愈牢靠，否則就不能用來建造房屋，可是，如果有人把這麼重的石頭扔在我的身上，那麼，我就會無法呼吸產生痛苦了……

痛苦往往會從自己或他人所犯的罪中產生出來。

我是為了什麼？我是因為誰而感到痛苦呢？或者我是造成他人痛苦的原因嗎？有些父母，為自己的兒女而感到痛苦，那麼我呢？

我們要向自己保證——絕不會把痛苦加諸於他人身上。

拉丁文中有個「拉波拉雷」的動詞，它是代表著「勞動」和「痛苦」兩種意義。

——迪普蘭克

如果沒有任何努力卻夢想著在勞動的話，那就等於是躺在床上夢想著爬山一樣，是毫無結果的……這不僅是指所謂的工作，還包括了能夠豐富你人生的音樂、美術，或者是運動，所有的活動全都離不開這個基準。

為了想成為鋼琴家、雕刻家或畫家，必須努力工作。對自己而言，所謂的勞動，就是必須付出努力才行。當然也必須有許多的犧牲，也就是所謂的痛苦為前提……

想要飛上高空的人，必須離開地面才行。想要深入研究科學的知識，就必須犧牲，不可以像孩子般那麼貪玩。

當你從事某一個職業時，也許你會感到很高興，但是你必須犧牲另外一個職業。當你要建立一個家庭時，就必須捨棄對其他人的愛。這一切的一切，都會令你感到痛苦……

最惡劣的考驗，就是根本沒有考驗。

——亞爾特爾‧馬林

堤防是為了防止河川氾濫而做成的，就好像是為了使我們能在河上航行而做的河堤一樣。

各種考驗是為了我們向善，也就是為了某一個人向善，而站在我們的面前。

如果我能夠甘之如飴的接受各種考驗，那麼，我就能夠爬得更高，走得更遠。

但如果我相應不理不睬，那麼，我就無法獲得勝利，反而會成為犧牲者。

　　不要因為每天都是在一片空白、彷徨的宇宙中活著而感到無味。要好像在乾燥的沙漠中一樣，時時把握著一個渴望的根源。

—— 瓦雷里

　　沙漠可以考驗一個人的耐力。當你飢渴得瀕臨死亡的時候，也許會出現「綠洲」的幻象……可是，如果我們有一點地理學知識的話，就能夠等待機會。也許在一片燃燒的沙漠下，能夠發現清泉或是礦脈……

　　不要逃避看似單調無聊的每一天，應該要種下信仰的根。神會帶給我們平安和無限的財富。如若不然，他就會把我移往到別的地方去。

　　神為了能夠滿足我，祂一直在等待著我表現出信賴祂的堅忍行為，以及能夠付出無須報償的愛的行為。因為，這樣一來，就算是沙漠也能夠變成良田。

不要拒絕接受每天的考驗，但是也不要為明天承受未知的壓力。

——瑪莉亞

明天也許會下雨……我母親的身體，一天比一天衰弱……老師還是像往常一樣嚴屬……明天是星期五，一定又有做不完的事了……在我身上背負的十字架是多麼沉重啊！

如果你有這樣的想法，就會感到擔驚受怕，而想逃避今天的任務。如此，即使你有神賦予的耐力、堅忍和智慧，你還是會完成不了任務的。

不過你要了解到，神明天不會和你在一起的。因為，明天是一個不存在的東西。相反的，今天神會鼓勵你，而且忠實的站在你身旁，支撐著儒弱的你。

我的心靈啊！不要忘記神永遠在你的身邊，神永遠在你的心中。有愛的地方，就有神的存在。

神賜給我們核桃，卻不會幫我們打開它。

——俄國俗諺

　　一個星期的每一天，就好像流水，從早上、中午到晚上，一刻不停地向前奔去，一點也不等待任何人。

　　在這個禮拜中，遇見了許許多多的人，和他們談了許多的話，但大多數都是以口角之爭來結束，並沒有真正談出一番道理來。

　　不管是他人或自己，我們都沒有發現比以往更好的事物，日子就這樣過去了⋯⋯

　　許許多多的事物，都像流水般逝去。可是，我們並沒有花任何的勞苦去打破外殼，求取其中甜美的果實。

　　神給予我們把握幸福的機會，而且為我們留下了發現幸福的喜悅，以及利用幸福的自由。

Chapter

7

友情之幸

真正的朋友，有時也會反對你。

——帕斯特爾

　　每個人都想要擁有真正的朋友，可是往往找到了而要保持這份友誼，卻是很困難的。其實，不能夠保有真正的朋友，大半的責任都是在於我們自己的身上。

　　本來在同一公司中，我有一個志同道合的好朋友。有一天，這個朋友對我的行動，明白的表示不贊成和批評的態度。因此，我們兩人大吵一架分開了，這時候我失去了一個真正的朋友。

　　真正的朋友不是只會對你點頭，他除了不會煽動你去為惡，也不會對你說諂媚阿諛的話。問一問自己：我對於朋友批評我的話，是否有接受的雅量呢？

真正的朋友，就像你的左右手，能夠幫助你，

——中國俗諺

在我們的肉體上曾刻著「要互助合作」這句話。

在我們拿東西時，在我們繫鞋帶時，必須兩手一起工作，這一點我希望你能夠仔細看清楚。兩手之間相互合作，帶有謙虛、禮讓的美德，發揮他們的機動性。

左手不會對右手感到嫉妒。

右手也不會對左手予以鄙視。

我對於朋友也必須這樣做。要時時關心他們，但不要去做互相比較的傻事。不要認為這個人那麼做，而那個人也必須這麼做。我所要發揮的友情，必須學習基督精神那樣深、那樣廣。

當你與一匹狼交往時，要記得準備柴刀。

——俄國俗諺

這句話雖然是俄國的俗諺，但是也可以應用到現代社會的人際關係上……

一般人的生活模式大都是固定的，所以他每天的交際，也可以說都是相同的。

可是與惡相交的人——這裡所指的，包括內容可疑的電影、不好的小說，或是毫無信用的朋友——必須不斷的警戒危險才行。

因為一個道德低落的人，很容易會變成一匹狼。

選擇朋友需要花時間，而要改變你的選擇，可需要要花更多的時間。

——富蘭克林

當一個人孤獨的活在世上時，自然而然會隱藏他人類的本質，而成為一個渺小的人。

而神聖的友情——當友情能夠滋潤心靈時，也就可稱為神聖——能夠使我們的熱情加倍，除去我們的懷疑，使我們的計畫能夠成立，使我們的行動得以調節，能夠使我們覺醒……可是，選擇朋友要比選擇一條領帶，或一頂帽子花費更多的時間。

神聖的友情，不可因為你的任性或感到倦怠而加以捨棄……要知道任意漂泊天空、無法定住的雲，是無法遮住白天的陽光。

你是一個環扣，因為要與他人結合而存在世間。

——聖·齊克丘培里

環扣本身是單一的存在，它就好像漁民所用的漁網一樣，被一個個連結起來，才會發生作用。

人類如果不能夠超越自己，與他人相結合而存的話，那麼，只是個無用的東西罷了。

我生來也是個單一的存在個體。因此，如果我不能和他人以環扣的方式互相連結在一起，那麼我也是一個無用的東西……如果我拒絕這種連結關係，那就好像兩條完全沒有用的繩子，一直放在抽屜中一樣……

要與我環扣相連的，首先就是神，我與神之間如果沒有關聯，那麼我將一無是處……

此外，我必須盡對他人的義務，以愛、柔和、正義等等的方式，與和我同樣的人類相連結在一起……

我真的算是一個能與他人建立良好關係的環扣嗎？

諂媚的人不會讓對方進步，只會利用他的友情。

—— 聖・貝爾那德

　　我的朋友犯了一個很大的錯誤，而我現在正冒著失去朋友的危險。他到底是故意犯錯，或者是因為一時迷惑而犯了無心之失呢？而我應該默默忍受嗎？

　　在這種考驗之中，如果你不去查明事實發掘真相，那麼你也算是背叛友情，而我想說的是，這種友情並不算是真正的友情。

　　真正的友情是不會姑息朋友，也不會縱容朋友的。

　　與人交往，我希望能像在真理中求得的那樣一致。

Chapter

自由之貴

　　我不管在何時、何地，通常都會以一個自由人的姿態生活著。

　　　　　　　　　　　　　──德‧巴爾納夫

　　因為每個人生下來就有應盡的義務，所以我們通常是不會被允許擁有絕對的自由的。

　　當你一定要做的工作不得已中斷時，如果你能夠千方百計的把中斷的工作繼續下去，就是對他人的一項服務。

　　可是，對我而言，必須擁有的就是自由。

　　這裡所說的自由，包括不被罪惡所束縛的自由、不會融入自私主義的狹窄世界的自由、不會追求誘惑的自由，以及不會吝嗇於分享他人愛的自由。

　　在這些意義之下，現在的我是自由的嗎？

所謂自由人，就是一直都不會害怕死亡的人。

——迪歐基雷斯

　　某個人在死亡之前，對於他一生所收集的金錢和古董、美術品，感到非常惋惜，十分執著地緊緊擁抱著不放。

　　這種人一向位居高處，向下看那些沒有錢的人，而認為自己的生活就是無比自由的生活。

　　可是，他們浪費了重要的一生。直到生命終結前才能感受到，自己一生都處在獨立封閉的世界中……

　　心靈貧乏的人，比這些人更不能夠享有安樂的死亡。

　　現在我是否也要開始這死亡的旅程呢？

　　我的生活到現在為止，是不是一直是自由的呢？

你的使命就是身邊正在呼喚你的東西。

——布廉塔諾

　　海上的波浪，永遠也沒有休止不停地湧動著。人類永遠在神的帶領之下，不停的工作。

　　可是一個人也有可能會捨棄了自己的本質，背叛神而被邪惡的魔鬼所主宰。

　　一個正常自由的人類，會遵從神的召喚。

　　亞格斯・提努斯曾說過：「我縱使在神那兒能夠休息，但我的心卻不知道休息。」

　　我也是不停的動、不停的工作，可是我是為了誰呢？

　　我現在又是向著誰那兒去呢？

　　如果沒有「不」的存在，那麼「是」就沒有任何
的價值了。

——協林固

　　甚至連神都不會只說「是」，而不說「不」。

　　我的本性一直是被神所召喚著的。可是，有時候我會制
止自己迎向神的召喚，甚至有時候我會遠離神。

　　慶幸的是，在我的潛意識裡還是依賴著神，能夠不斷地
依照神的指示去做，而活在人世中。

　　我應該學習永遠能夠自由說「是」的聖母瑪莉亞。

　　太過自由並不是好的，如果所需要的東西全部擁有，也是不好的。

——帕斯特爾

　　沒有比自由更值得感謝的東西了。但是如何好好的去運用自由卻是個大問題。

　　我們常聽人家說亂用自由就變成了放縱。正是如此，但這並不表示要你把生活必需品都捨棄，只是希望你在滿足欲望的同時，最好你所需要的東西能夠稍有一點欠缺較好。

　　我的自私一直在提醒著我，我好可憐啊！我可能冷了，可能餓了！於是，我盡情地使用電暖爐、吃著豐盛的食物，喝著葡萄美酒。興之所至，在茶餘飯後就胡亂的高談闊論。

　　關於這些，我必須好好的注意一下了。

噢！自由，多少人藉著你的名義犯罪。

——羅蘭夫人

　　自由，就是做自己想做的事，就是依照自己的本能和衝動去做……多少人把自由當作藉口，根本不承認必須有所節制與一定的約束……

　　這些思想都是許多犯罪的根源……而到頭來入獄受到傷害的反而是自己本人。

　　這樣做會使自己身體痛苦，會使自己心靈窒息，甚至會讓自己心中的神因你的罪惡而被殺了……而其他的人呢？

　　他們也會成為祭壇上成為犧牲品……

　　父母親因為我們的罪惡而受到責難……

　　整個家庭也都會蒙羞……

人類所謂的自由，通常只是他能夠選擇通往奴隸之路的能力罷了。

——提邦

總而言之，人類常常會把一件事、一個人束縛在自己身上，有時也會被理想或感覺上的刺激而束縛……所有的人都是某個人或某件事的僕人。

選擇權雖然是掌握在自己手中，可是所剩下的就僅僅是自己所選擇的結果……

在我身旁的人被什麼所束縛呢？而我自己呢？

可是當我們信賴基督時，一切都改變了……

「你們已經不是僕人了，是我的朋友，是我父親的子民。」耶穌曾這麼說。

因此，以一個基督徒而言，如果他選擇了一個束縛的話，那麼他們選擇的就是一種集合了友情、愛與神之子的完全自由的束縛。

人類所擁有的自由，就是執著和誠實。

——提邦

　　自由不會一直束縛著自己。自由也沒有任何的契約。今天我答應人家的事，明天也可以爽約。許多人都有這種想法，像這樣的人，他們只是依靠本能的趨向而做，是衝動的奴隸，不過是個野蠻人罷了……

　　生物不論怎麼樣執著於某種信念，既然生為人，我對於神和鄰居是帶著何種程度的執著呢？程度不同，價值也就不同。如果有不能做到這點，那麼就像是不知道目的地的浮木一樣，順水飄流而已。

　　對信仰執著，與鄰居攜手合作，這是必須依靠自己的內部要求，也就是依靠自己人性才能夠完成的工作。從這裡就能得到我們無法想像的自由。就好像一個登山者一樣，他必須緊抓著也支撐著他人的繩子，信賴嚮導，跟隨著他，向更高更遠的地方前進。

自由是以不妨礙他人的自由為範圍。

——人權宣言

這個宣言，並不是基於道德根源所產生出來的，但是我們還是必須了解這句話的真正意義。

如果我們認為神會限制我們的自由，那麼只是因為他不願意我們損害了其他的人。我們只要從人類的真理和正義中好好的反省，就可以了解到，如果違反了真理，那就一定會做出傷害他人的事情。

隱藏在我心中的罪惡也是如此，會使我變得更為卑鄙、渺小，而且妨礙我幫助他人。像盜賊所犯的罪就是如此。

如果我每天都沉浸在不健康的空想中，忽視自己的工作，對父母親和鄰居一點也不尊敬，而以電影明星和運動選手作為心中敬仰的偶像，這也是同樣不對的……

　　人類在這世界上是很自由的，就好像在河中游來游去的魚兒一樣，他們能夠在河的源頭和海洋之間，自由的游來游去。

——佛雷洛

　　魚兒是活在源遠流長的水中，而牠們的一生就是在河水與海洋中度過的。人類也是每天向著大海，也就是向著無窮無盡的那兒走去。從出發到抵達終點，這之間人類是自由的。可是，人類往往做出與自由不相符合的事情而亂用自由，把自己變成像是低等動物一樣的活在世上，或是把他人當作低等動物一樣的對待……

　　我的想法是不是真像一個人類的想法呢？

　　我是否能像一個人類一樣活在世上呢？

　　魚不能離開水，一旦離開了水就會死亡，所以牠根本不會想要離開水，這就是牠本身的特質……可是人類對這種本質卻會背叛，所以通常都會使自己陷入痛苦的深淵中。這就是人類不幸的來源，也就是來自於背叛了自己的本質。

在監獄中，整天最感到不安的人，就是典獄長。

——蕭伯納

　　某個家庭，就好像監獄一樣。父母限制子女的自由，好像要使他們完全失去自由似的。儘管他們這樣牢靠的看守，做父母親的卻仍然擔心兒女會離家出去。

　　可是，聖約翰·波斯科卻將感化院的青少年全部帶出去遠足。結果，並沒有任何一個人逃走。

　　聖人對於這些犯法的人，首先使他們了解到法律是在內心中約束自己的律法。

　　聖約翰·波斯科的目的就是教育他們能夠在自由中生活。我對於依賴我的人，是否能夠採用同樣的心態呢？

三分鐘默想

Chapter

9

文明之窗

　　一個現代人，如果失去對神的感覺，那麼連帶的
就會失去對美的感覺。

——馬拉

　　現代的社會，不管是詩、畫、雕刻、電影或戲劇，常常
有很多令人厭煩的非藝術作品出現。

　　被認為藝術家的人當中，有很多人根本沒有藝術的靈
魂；或者他所做的工作，所採用的素材，都沒有加入藝術的
生命。這種人因為和神斷絕關係，所以他們根本無法掌握
真、善、美。

　　每個人在自己的心中培養美的感覺，而且與培養的程度
相呼應，就能夠成為了解神的真正人類。

　　自己的靈魂如果能夠跟唯一的藝術家，也就是信仰相互
一致的話，那麼就能夠看見大自然的美，以及人間所創造出
來的優美事物，內心一定會深受感動的。

　　文明不是因為要給予人類而產生的，而是因為要
向人類有所請求而產生的。

——聖·齊克丘培里

　　我們的國家有許多豐富的物質，因此認為自己是處於文
明國度裡的人……現代化的廚具、大型電視、裝有電眼的對
講機、冷氣、手機……這些都稱為「文明」。

　　可是，這些東西並不能豐富人類的心靈。

　　文明是因為希望請求人類能夠盡更好的義務而產生的。
這些義務包括了對神的義務（良心、祈禱），對自己的義務
（節制、清靜、勤勞），對他人的義務（正義、道德）。如
果不能做到這些，那麼你的心靈就很貧困了……

　　要記住！不要讓自己沉溺於現代文明中。

要將文明一代傳一代。

——迪亞邁爾

古代偉大的建築或藝術品，有許多都會被遺留保存下來……可是，人類卻會一代一代的消逝。

我們每一個人都是從零開始成長，如果人類不互相幫助，那麼不論是你、我，都只不過是像原始人一樣……

要壓抑自己的本能，培養自己的精神，打開你的心房，隨時注意他人，使人生走入正確的方向。這些都是應該要學習的……能夠做到這些，才能算得上是一個文明的人。

我能算是一個文明人嗎？領導我的是我的本能，還是我的精神呢？我的能力到什麼程度呢？我的生活是面對著什麼方向呢？我的言語、態度、行為，是否表現出對他人的尊敬呢？或者我是否傷害到自己身邊的人呢？

我們都是為了成為一個文明的人，一直在各方面不斷的努力與進步。

　　文明不是數字、不是力量，也不是金錢，最後獲得勝利的只是愛。

——佛雷洛

　　某些人發明了可笑的流行，或在會談時，剝奪他人的權利，而大聲主張自己的權利。有的人發明最新的殺人武器而賺了很多錢，於是躺在安樂椅上在海濱渡假，自認為是個文明人……這一切看起來不過像是兒戲罷了！

　　唯一能夠留在世上的，唯一能夠奉獻出去的只有愛……

　　只有一個人能夠坐在他的王位上永遠不會倒下來，那就是神的愛。他是一個毫無限制去愛人的人……

　　能夠使人重生，使人從失敗中重新獲得勝利的，只有能夠對抗人類自私心的愛。

　　除了神以外，我是否找到了其他的勝利者呢？

文化，是從沒有飢餓的地方開始。

——馬爾洛

　　一棵植物要被種在肥沃的大地上，才能夠萌芽、成長、開花、結果。人類的文化，如果不是在每個人身體都很健康的時候，也是無法發展的。

　　飢餓以及戰爭中的國家，悲劇就是由此而產生的。這些地區的人根本沒有時間去考慮文化的問題。不論有多少技術員、醫生、農業專家去幫助這些人。他們仍無法和其他安定的人民一樣過相同的生活。

　　很多人不願過這樣的生活，而寧願選擇現代的安樂生活。認為如果沒有安樂的生活就活不下去了……更有許多人全力投注於宣傳上，讓年輕人產生幻想，可是另一方面，這些人到底給青年什麼樣的模範呢？

　　現在如果要二選一的話，那麼我們是要拯求人類，還是讓大家一起沉默呢？

　　要選擇哪一種，全都掌握在自己手裡……

　　宗教的文化，不是我們每一個人利益加起來的總
和，而是我們所付出的總和。

——聖·齊克丘培里

　　西方生活和基督生活，是不可混為一談的。為什麼呢？
因為在西方有很多自私的人，他們只知道求自己的利益，吸
乾他人的血。根本不考慮那些每天都吃不飽的人……像這樣
的人怎能夠算是基督徒呢？

　　在西方年輕人中，有很多人對於現代社會問題完全都不
了解，他們盡可能去尋找不需要付出勞力的職業。

　　此外，在這些人身旁還有一些有錢人家的小姐，她們只
知道去追求一些流行的服飾、旅行、參加宴會、及時行樂，
以及談變愛，過著無聊而且非基督徒式的生活……可是，這
難道只有西洋人才會有的現象嗎？我們應該向自己保證，今
後我所付出的要比我所得到的更多。

只有精神普遍提升時，才能產生真正的文化。

—— 魯克雷爾

　　有教養的人，並不是把許多不同的知識裝在腦中，而在朋友面前故意賣弄的人；也不是虛榮心作祟，在房間裡擺飾各種珍貴的美術作品或豪華的精裝書本的人……

　　真正所謂的文化人，就是他的心靈開闊，能夠致力於擴展人類的精神，甚至散盡財產或犧牲自己的生命，也堅持著要對這個問題表示關心，並且加以解決的人……

　　在這個意義下，就算沒有讀過文學或哲學書籍的勞動者，也可以說是文化人……

　　我是不是把所有知識都裝在腦中，但心胸狹窄，只想到自己利益而從不顧他人的人呢？

　　如果能夠開拓心胸隨時隨地去幫助他人。那麼，你就是一個文明的文化人了。

文明的試金石，就在於對女性的價值如何評量。

——克蘭提斯

　　我們為了表示自己擁有優秀的文明，會炫耀自己國家的
生活水準很高，或者建築物很高、經濟成長速度很快、教育
普及等等。但是，這樣反而容易使我們的弱點隱藏起來。

　　物質上的高水準，往往隱藏了精神上的野蠻、低俗。我
們巨大的建築物，把我們低劣的品性隱藏了。我們往往為了
要賺取更多的錢而汲汲鑽營，可是一旦要我們幫助他人的貧
窮時，卻又像蝸牛一樣慢吞吞的，最差勁的是，我們對於任
何的自我放縱，都稱它為「自由」……

　　我們是否能夠找出現代人老化的證明呢？那就是我們對
女性的輕視。不論是在文學、電影、歌謠、繪畫上，都常常
表現出男女之間的不平等。

　　當我和女性談話時，我到底表現出了多少的尊敬呢？對
母親、姊妹、女朋友或妻子，我的態度又是怎麼樣的呢？

　　野蠻人崇拜木頭和石頭做的偶像，文明人則禮拜血肉的偶像。

—— 蕭伯納

　　偶像終究是偶像，這是不會改變的。就好像希伯來小牛一樣，就算全都是用黃金打造的，也不過是物質，是個虛偽的東西。

　　因此，也許野蠻人還比文明人聰明些。為什麼呢？因為他們不是自己所做的木製偶像的奴隸，因為他們非常了解木製偶像，並不是自己真正的神。

　　我們常常被欺騙。我們對於沒有融入自己祈禱和信仰的東西，只要是自己所愛的，就當作是自己的偶像。

　　也許有一天，這個偶像會成為我們的暴君。

　　世界上的文化是從基督的血中產生的，這點我們
絕不可忘記。

——卡雷爾

　　談到宗教改革家卡雷爾說的這句話，我忽然想起，自己
以為自認為是一個虔誠的信仰者。事實上對孩子的關心、對
婦女的尊重、對弱者、疾病者的慈善、對勞動者的意義、對
人權的價值等問題，都沒有盡到個人的全力，這一切都要經
過不斷的省思和實踐，才能真正存在這個世界。

　　不幸的是，一些反對基督教義的人，努力要切斷這種思
想泉源，可是他們為自己所提供的生活卻非常的乾涸。因
此，他們對自己的生命意義感到疑惑。

　　如果我真的是一個文化人的話，那麼我必須從真正的文
化泉源中汲取文化才行。

Chapter

愛的羽翼

　　疾病分為兩種，一種大病，那是自己身上所罹患的病；另外一種是小病，那是他人所給予的痛苦。

──諾爾曼達

　　雖然你不能感受到癌症患者肉體上和精神上的痛苦，但你一定經歷過令人難以相信的牙痛，或是非常難以忍耐的風濕痛……大病並不是你看不到的。

　　如果你要看真正的疾病，就到殘障之家，或是到安寧之家的養護機構，去看看那些不幸的人以及面臨著與死神搏鬥的人去。

　　我是否也有罹患重病的一天呢？

　　我能夠了解這些病人的悲哀和孤獨嗎？

　　從今以後，我再也沒有權利感嘆自己一無是處了。

如果想得到愛，就必須把自己的愛散播出去。

—— 貝爾那諾斯

　　神不是愛的主人，而是愛的本身。如果心中不能有神而去愛的話，那麼就是進入一條無法持續的愛的道路……

　　當然，無神論者也能夠愛，這是他們在自己良心的慫恿下所做的。可是，良心不就是神本身的聲音嗎？

　　不知道有多少的愛都是發自於同情，或是動物的熱情表現而已。像這樣的愛，因為不是發自心靈，所以被神所排除。這只是一時的、短暫的愛，很快就會結束。

　　如何讓自己走向正確的愛的道路呢？

當你與人談論時，要把自己的事看作是別人的事，而把別人的事當作自己的事。

——布倫帝爾

我們光是愛神或愛人是還不夠的，我們還要愛自己。這話在聖經上或與愛有關的書籍中，已經把這個意義表達得很明顯了。

「要像愛自己一樣的愛他人」，在這個教義下，如果你不愛自己，那麼這句話就毫無意義了。反過來說也是同樣的，亦即「要像愛他人一般地去愛自己」。

但是，實際上，我們往往會尊重自己，看重自己，想要忘掉自己所犯的罪過或是錯誤。而且時時想博取他人的同情，自然就會產生一種強烈的欲望。可是，當我們對待他人時，也能用同樣的天平嗎？我想這是很不容易做得到的。

也就是說，我們往往在不經意中，就為自己選擇了一個寬大的秤，而為他人選擇了一個嚴格的秤。

　　我竟然為這些野蠻人來當醫生，可見我是多麼的愚蠢啊！

——史懷哲

　　當史懷哲博士說出這句話時，他的隨從約瑟夫則回答他——「確實如此。博士，你在地上確實是一個愚笨的人，可是，在天國卻不是的。」

　　這位被稱為非洲聖者的史懷哲博士，他一直希望能夠到原始未開化的地方去幫助那些人。但是，竟然從他的口中也會說出這種感覺頹喪的話來。

　　除了做這些事以外，是否還可以做更大的事業呢？

　　我們常常會有這種想法，而放不下手邊正在做的善，把它捨棄了。但是，也許日後我們又會回到這條路上來。這是個很巧妙的圈套。如果受到了這種誘惑，那麼史懷哲就會放棄做野蠻人的醫生而關閉醫院，回到歐洲去了……

　　我們的世界觀是否也和約瑟夫一樣呢？

　　我們的思想是否能像泉水一樣的沉靜，使我們產生正確的意念呢？

Chapter 10 | 愛的羽翼

要去體會不幸之人的不幸。

——威優

　　沒有經歷過艱難的人，是無法從他人的不幸中，去觀察體會到別人的心情的。而且他人的不幸也許和自己所經歷的並不相同。

　　沒有工作的失業者，只好全家人窩在一個房間裡。沒有錢、沒有親戚、沒有可以倚靠的東西。甚至疾病纏身，又必須活下去的一家人，這些人是何其不幸啊！

　　我們應該學習聖母瑪莉亞的愛，以溫柔謙遜的心，細心去體察這些不幸人的內心糾葛，並向他們伸出援手。

基督信徒們，在你的肩上擔負著全世界的責任。

——聖約翰

基督徒就是另外的一個基督，因此，他必須有基督的胸襟。如果不能這樣做，他只不過是假藉祂的名義來逞自己的私慾罷了。

基督為了全世界，為了所有人而來到這個世上。

我是否有這種想法呢？我是否能夠關心所有的人呢？

或者，我在那兒獨享安樂的生活，對於他人的事情，則認為——「他們是窮人嗎？我並不富有，所以我沒有幫助任何人的力量！」因為這樣想，所以根本不願去幫助任何人。

如果我是這樣的人，那我就是一個真正的惡人了。總有一天，基督會從我的身旁離去。

為什麼？因為基督選擇你來為祂傳播真理，希望藉你的手能夠幫助他人。如果你做不到的話，祂會離你而去。

　　如果看到他人的貧困，而內心不會感到傷痛的人，才是真正的貧困者。

──佛雷洛

　　最貧窮的人，不是缺乏物質，而是缺乏精神上的食糧。

　　人類最大的保障，就是寬大的心胸。如果沒有寬大心胸的人，就是很可憐的人。如果對於他人的困難都不能夠用心去體會，也不能夠幫助他人，那根本一無可取。

　　像這樣的人，就好像落入不毛之地，無法萌芽生長的種子一樣。縱使具有生產力的種子，如果落在不適合生長的土地上，也無法發揮任何功能。即使是生長在路旁的雜草也會不斷的增長，成為牛馬裹腹的草料，而它綠色的莖葉也是蟻蟲最好的遮蔭處。

　　我們可以不希望自己是顆生產力的種子，而希望自己能夠永遠的滋潤那顆種子。

憑我個人的力量，也能夠減少他人的痛苦。

——波特萊爾

生存是一件多麼可喜的事啊！生命過得愈充實，所有的生物——植物、動物、人類——都能夠體會到真正的喜悅。

可是，當你因心情惡劣或生病，而被失望的烏雲籠罩時，多半的人都會感受到生命的痛苦。

這時候，一種自然的本能——在這個本能的支持下，不管是動物或有知識的人類，都想要克服所有的困難。每個人都憧憬能夠超越不完整的生命而成為一個更完整的生命。

可是，不知道有多少的人，當他們受到生命的苦痛時，就愚蠢的想要追求死亡，而自認失敗不敵人間之苦了，甚至使生命瀕臨滅絕。

你應善用生命的本能，使自己能夠比那些毫無理性的動物，更能夠對抗一切無理的事物。

　　對一個你看過或從沒聽過的人，你到死都愛著他，這就是基督的教義。

——朱利安・格林

　　這並不是有說教意味的話，而是一個法國著名現代作家的感言。說這句證言的人，他一心想要向大眾表明自己的信仰——這句話正可以表現出他的信仰。

　　我是否害怕把自己的信仰公諸於世呢？

　　我難道不是在努力逃避別人，而且害怕別人嗎？

　　我難道不是對自己的信仰感到可恥嗎？

　　如果我對自己的信仰感到可恥，那麼，我就還不算是真正擁有信仰的人。

　　基督曾經這麼說過——

　　「在人前宣稱是我的同志的人，我也會在天父面前宣布他是我的同志；在人前拒絕接受我的人，那麼，我在天父面前也會拒絕接受他。」

与其带著1公克的爱去殉教，还不如带著2公克的爱去剥马铃薯的皮。

——圣·法兰西斯

「今天请你原谅我，我身上没有一毛钱。」诗人这么说著，紧紧握著乞丐的手。对乞丐而言，与其得到很多的钱，不如和诗人握手，使他的心中更充满著感谢。

如果你要让某人高兴，就走向充满雨水的道路吧！

在黎明前醒来，觉得一种难耐的不安恐惧，于是我呼唤主的名字。而且呼唤使我心胸烦躁的女性。

（兹尔基聶夫的教文诗中的一小段——2公克的爱）

　　一個真正充滿愛的家庭，就好像從屋簷前就噴出
火花來一樣。

　　　　　　　　　　　　　　──八木吉夫詩集

　　從口中吐出來，到空氣中就煙消雲散的言語上的愛，並
不是主耶穌教導我們的。如果只是口頭上談愛，而想活在這
世上，那比生活在充滿放射塵的宇宙中更困難。

　　我們每一個人都必須擁有像詩一般的真理、靈魂以及
愛。如果心中充滿著愛，那麼，這個家庭就是一個燃燒著愛
的火苗的家庭，而且真正能夠從自己家的屋簷前（從我的四
周）將愛的火苗散布到四方。

三分鐘默想

即使你有時並沒感覺到神的存在，但是神卻隨時隨地近在眼前。

——波爾·布爾傑

看不到，感覺不到，但是我們一直靠著這個流動的空氣牆藉由它的支持生存下去。

有時候我們會變得非常愚蠢，自認為在天地間唯我獨尊，非常傲慢自負；自認為是站在個人舞台上，完全忘記了支撐著我們的神。

可是，慈愛的神在這時候還是會想到我們。

怒吼、哀嚎的無神論者、多神論者以及沉溺在罪惡中的人，比任何人都能夠感覺到神的存在。

你現在和神非常接近，那是因為神主動的來到你的身邊。當你敲祂的門時，祂會為你打開啟慈愛的大門；當你找尋祂時，祂就會出現在眼前；當你對祂有所求時，祂就會給予你幫助。

我不只愛貧窮的人，我對他們膜拜。我非常虔誠恭敬的趴在這些已經沾滿塵土的貧窮人的足前。

——聖·安布洛裘斯

　　教會從來不曾忘記過貧窮的人。不管任何一個教會，他們都能夠進得去。也不介意任何的民族，只要他是貧窮的人，這個理由就很充分足夠了。

　　在經濟上貧窮的人，不能算是貧窮。像天主教徒就認為貧窮的人應該是在精神上貧窮的。

　　此外，宗教色彩濃厚，或是受到不管任何種類的創傷，只要流出血來而且非常痛苦的人，都是教會認為的貧窮人。

　　看到他的傷口，不可以棄之不願，也不可以慌張著急。要替他包紮，用麵包和葡萄酒來招待他，然後引導他去產生信仰。

為了他人而把自己的衣服脫下來的人，是穿著基督衣服的人。

——基卡

基卡也是改變宗教信仰的人之一。他為了幫助鄰居而最後死在監獄中，是個一生都為他人著想的人。

可是，即使如此，他仍然是穿著鮮艷基督衣服的人。

不論是忠貞黨員或罪人，事實上，只要能夠把自己的衣服脫下來送給他人，那麼，你就比每個禮拜天都去望彌撒的人更接近基督。

真正能夠束縛人的只有神。可是，人類對於善惡的判斷並不是根據他信心的多寡，而是必須以能夠為他人犧牲多少，做為判斷的根據。

愛與道德，並不是教徒的專利品。如果有人真的這麼想，那就是一大錯誤。

當我們認為離教堂很遠的時候，也許會意外的發現，基督其實就在我們當中。

　　你能夠愛自己的缺點，那麼對於他人，你也必須
放棄他的缺點而愛他才行。

——馬爾波

　　每個人對自己是何等的寬容啊！縱使自己有許多缺點，
但我們卻不加以注意，或者會認為那也許是自己的優點。

　　例如，粗暴的人會認為自己率直；從來不替別人著想的
人，會認為自己富有熱情；而喜歡說壞話的人，會認為是對
真理的愛。

　　粗暴的言行，會使自己誤以為有決斷力，而怠惰的行為
易被誤認為是有反省之心。

　　如果你有以上所謂的「長處」，那麼，你就必須更加嚴
格的評判自己才行。

　　縱使有缺點也會愛自己。可是，在相關的條件下想要做
到愛別人，卻又是多麼困難的事情啊！

　　與其接受大臣的一百個微笑，還不如拭去一個庶民的眼淚更為重要。

—— 中國俗諺

　　不只是大人物、電影明星、運動員，還有許許多多有名的人，只是為了看他的微笑，哪怕只有一次也好，竟全然不計任何的犧牲，這種人比比皆是。

　　如果你一心想要看到對方的一百個微笑，那麼，你的心中到底有何打算呢？

　　對於痛苦、哭泣、陷入不幸、絕望中的人，哪怕只是一句安慰的話，都比你去看見別人的微笑更有意義與價值。

　　在我為自己擔心，為自己的痛苦和利益思索時，我是否先想到他人的痛苦呢？

　　我是否能夠擁有信仰和慈愛的心呢？

　　如果你不用繃帶去包紮別人的傷口，那麼你就不要去碰觸別人的傷口。

——海洛

　　不只是身體的傷口，心靈的傷口也是如此。

　　某個遇事毫不考慮的人，不小心將他人的祕密挖掘出來，但是卻沒有把自己打開的傷口，用繃帶再包紮起來，就這樣離去了。

　　在我的身旁，是否有真正在經歷痛苦的人呢？

　　我應該仔細地察看四周，如果真有人受傷了，我應該趕快為他包紮傷口才是。

　　對於每天為兒女擔心的父母，我們應該關心他們。對於因為家人都遠去而感到痛苦的老人，必須給予他們妥善的照顧。對於被他人拋棄的朋友，應該要盡一點心力去幫助他。

　　如果你看見他人的傷口，能夠為他綁上繃帶，那麼，聖母，也會將祂溫柔慈愛的力量借給你。

　　如果做了好事，就把它丟入海裡去，縱使魚沒有看到，但是主卻會看得到。

——俗諺

　　因為要受到他人的稱讚，並且希望得到他人的回報而做好事的人，這種行為不會受到主的稱讚。

　　我每天到底做了些什麼呢？是做好事，還是做壞事呢？

　　如果我做了好事，為什麼我還要一直在這裡等待別人的誇讚呢？

　　如果我能夠再一次做好事，那麼，我必須感謝先前所做的好事。

　　我必須向神學習。神並沒有受到別人的感謝，但祂還是不斷的賜給世人恩惠。

人類擁有兩種無盡的渴望，那就是愛和感嘆。

——卡繆

人類可以吞下一些不是食物的東西，暫時止住飢餓，但卻無法長久持續下去。

同樣的道理，如果一個人不愛自己，那就是自私的心理。如果一直抱著自私的心理，則本身就會枯槁而死。

真愛則不是如此。

如果一個人只擁有自私的愛，那麼他就不是一個能夠對真、善、美的事情，感到讚嘆的人。而只不過是個吃、喝、玩、樂的活殭屍罷了。

對於愛，對於事物的感嘆，我一直是很飢渴的嗎？

　　如果一個人失去了親切，那麼他的正直也就會跟
著失去了。

——拉姆雷

　　人類常常會失去親切的心。不會向別人說謝謝；對於別
人寄來的信，也忘了回信；不會讓坐給老人，也不整理自己
的房間。這樣一來，正直就會從那半開的門走出去。

　　向別人借的書沒有還、買賣沒有付出正確的金錢、為人
處世常常表裡不一致、嫉妒別人、自己的心情非常紊亂等
等，這些都是很不好的。

　　我是被別人視為親切的人，還是像隨意踐踏花壇的愚笨
大象呢？

　　我在什麼樣的場合，都能夠算是真正的正直嗎？

　　我要將你們每個人的善找出來！之後，作成一首讚美的歌。

——聖·齊克丘培里

　　將他人所有的善找出來，就是要發揚人性的真愛。

　　也就是說，一個人縱使有缺點，為了要達到使生活更好的目的，必須將那個人的優點集合起來。

　　如果每個人心中都有神的存在，那麼我們就可以從這些人當中，將善集合起來，作成一首讚美的歌。

　　這首歌會使我們的心胸充滿喜悅，使我們努力向上，而且喚起我們感謝的意識，這就是基督式生活的美好樂章。

賢明的泉水，對於善而言，像是燃燒的愛一樣。

——麥爾修

不知道愛的人很容易就陷入不賢明中。

你會像個瘋子一樣，讓汽車在路上狂飆，那是因為對你而言，走在路上的人都是你不認識的人？

年輕人會若無其事的鬧出醜聞，那是因為他根本沒有考慮到，這樣會使自己的父母親受到傷害和痛苦。

一個女孩，把自己奉獻給他人，做為安慰他人的東西，那是因為她走錯了方向選錯了邊。

會做這些事的人，就是對於自己所愛和所信任的人，是不懂得付出的愛心的人……

　　只要你能以真正的思想去下決心，用愛的行動去實行，那麼你就絕對不會失望！

——洛貝爾森

　　為什麼呢？雖然我看不到，但是在我的附近，一定有某個人在一直注視著我的一舉一動。

　　如果我能把自己的思考，以堅強的意志付諸實施，那麼，某個人就會因為我的決心而感到喜悅。對他而言，我所做的就是愛的行動……

　　有很多人認為自己的生活沒有明天。可是，基督甚至連人們丟棄的麵包屑都會拾起來，所以，祂當然不會拋棄任何人。正因為如此，耶穌才會來到這個世上，成為不可思議的神祕體。

　　如果在每天的生活中，認為自己所碰到、經歷到的都是好的事、美的事，沒有任何事情是無用的，那麼不知道會有多幸福啊！

如果愛不能持續，那麼將是多麼的貧窮啊！

——安利耶特·夏拉森

這是一個改過向善的人所說的話。

這個女孩，她覺悟到愛是永遠有持續價值的東西。

能夠體會到愛的真諦的人，不管在生活中遭遇到任何的困難、變遷，他的內心深處總會感到自己一直持續著希望——愛能夠持續下去。

這不也正是在我們感情深處一直呼喚的聲音嗎？

請讓我了解，真正的愛必須是永遠會持續下去的。如此，我就不會把愛和小小的滿足混淆了。

　　身體、靈魂，甚至所有的東西，都比不上小小的
愛的行為。

——帕斯特爾

　　人類如果不能夠相親相愛，那麼現代文明又能發揮什麼
功能呢？

　　如果人類從生到死，都不知道去愛人，去做愛的行為，
那麼生命又有什麼功能呢？

　　聖‧保羅已經告訴過我們：「如果我知道所有的事而沒
有愛的話，那麼將無法發揮任何功能！」

　　擁有一部時速三百公里的汽車，擁有高畫質的電視，自
以為擁有這些現代化設備，就會使生活轉向更好的「現代病
症」，我是否也患有這種病呢？

時間，是神為了求得我們所付出的愛的期待。

——威優

　　神一直等待著我們的愛。祂並不要自己去完成，而希望我們來完成。

　　可是，神並不會勉強我們，但是祂讓我們了解，只有在愛的真諦下，我們才能獲得自由……

　　時間是神在等待我們給予祂某些東西時，那一剎那的忍耐……在我們的生命開始以及終結的那一剎那，我們所要付出的愛，就在現在這一瞬間。

　　從現在開始，我要把生活的每一瞬間都獻給世人。

神創造了我們，並給予我們像搖籃一樣的母親。

——拉·科爾第爾

神對於自己所做的事，全都能夠做得很好。祂把我們該為祂實現的真理，全都交託給一個母親

如果沒有全天下母親的辛勤耕耘，那麼這個世界會變成什麼樣子呢？

我已不知欠了母親多少的債，我是否能夠幫助母親、愛母親，而把自己對母親的感謝完全表達出來呢？

不知道有多少年輕的女孩，亂用自己的青春，麻痺了她們未來成為母親的心……

此外，不知道有多少年輕人，根本不知道女性的真正使命。因此，我們必須對所有的女性去付出尊敬與愛。

　　如果認為所有問題都能夠靠善良來解決，那是錯誤的；首先要有正義的心。

──邁爾協

　　道德的第一要務，就是要做正確的事……不知道有多少人會做道德的事，但是做得並不正確。

　　例如，有些人會施捨他人，或者做慈善事業，而認為是做了很正義的事情。他們為了解救勞工階級的貧苦，而建造了診所或醫院。可是，他們對於同樣的勞工，卻不能給予公正應得的薪水……

　　做正確的事情也許不會引起他人的注意，譬如說，我付出了正確的錢，也不會得到別人的感謝。當然在你行使道德行為的時候，更容易得到別人的安慰和感謝。

　　可是，在你做道德行為之前，必須先實行正義。我對於應該給他人的東西，是否給了他人呢？請讓我對任何人或自己深愛的人、事、物，都能夠實行正義的行為吧！

愛比死更堅強！

── 聖經

一架軍用機，在三千公尺的高度上，正通過法國的利波爾努市的上空。這時引擎發生故障，於是基地的隊長下達了命令──「棄機，跳傘逃生！」

「不！」飛行員這麼回答：「飛機還有三千公升的汽油，如果落在城市上方的話，會很可怕。」於是他試著往郊外著陸，但是沒有成功。飛行員死了，可是他的死卻挽救了許多人的生命。

我們如果去找尋這種英雄式的行為，可以從勞工、技術人員、醫生、潛水夫、女孩，或母親身上發現。可是，在報紙上所刊載，通常都是商業消息、一些因為嫉妒戀愛的犯罪，或者是小孩子的誘拐綁票事件。這雖然不能算是惡劣的宣傳，但是，我們還是希望報紙上能夠宣傳一些人心原本隱藏的善良──至少有某些人想學習這些。

我希望你們像愛我一樣，能夠互相的愛對方。

——耶穌基督

　　神的愛可以視為人類愛的模範。我們能夠了解神的愛，那麼，就不會再做出自私的行為。

　　基督的愛是一種贖罪的愛，而人類真正的愛也就是贖罪的愛。因此基督徒都懷著深切的希望，把自己獻身給那些不幸的弟兄們。像這樣抱持著贖罪心理所產生出才是真愛。

　　他們知道自己和其他人一樣，在基督的犧牲下獲得解救。因此，他們也了解，即使是再墮落的人，都能夠產生出新的、清純的力量。

　　要做到這些事情是很痛苦的，也許會使你的四肢或心靈受到傷害。可是，這些基督徒都知道，不管怎樣，這都是他們該做的事。

　　因此，他們以非常謙遜的心去愛那些兄弟姊妹們。透過這些人的遺產，或是透過自己的痛苦，而實現神的願望，為世界創造出一個嶄新的人類。

他用被自己丟棄的石頭，來建造自己的家。

—— 賽爾·提安斯

在我的田園，有些人根本不願幫助我，而只會一味的批評、責難我。我認為這些人會把他們自己丟掉的石頭再撿回來，然後再丟出去。可是，他們所做的事，有時候也許真的是有益的……

對於他們的所作所為，以人類的眼光來批判他，還不如以神的眼光來批判更為有效。

如果他人對我的批評是有根據的，那麼就能夠教導我更為賢明。有時他人的責難並非破壞，對我而言，卻能夠幫助我的建設。

我在家中、在學校，或在社會生活中，是否被他人所批評呢？他們所說的是不對的，或者是真實的呢？我會因為他們的話而灰心喪志嗎？

從今以後，對於他人的批評，我都會很快樂的接受。

微笑，也是一種道德。

——基德・拉里葛弟

　　微笑不是那種高談闊論時所發出的喧譁笑聲；也不是孩子看漫畫健康爽朗的笑聲。

　　微笑就是使表情柔和，在默默無言當中歡迎他人，使對方沒有負擔的奉獻自己，而得到對方的信賴。

　　這種微笑也許不會獲得報償，不會受到注目，也不會受到讚賞，有時候也許根本不會得到任何的回報。

　　這一點是自私的人所做不到的。為什麼呢？因為一種愛、一個付出，是神的愛能夠在這世界上持續，能夠應用到所有人身上的方法。

　　我的表情是平和的，還是憂鬱的？是自然而然的，還是看起來十分勉強的？

在地獄的深淵中，已經不能夠愛了，而是充滿一片痛苦。

——杜斯妥也夫斯基

一談到地獄，大部分的人都會認為那是充滿著痛苦的地方。地獄也許真是這樣。但是構成地獄本質的東西，不是一個場所，而是一種靈魂的狀態。

那是一種靈魂永遠無法持續愛的狀態。這種狀態是依個人自由意志所選擇出來的。所以，拒絕愛也是個人的自由。

神對於就算是墮入地獄的惡人，祂依然持續對他們的愛。也不會強制惡人去愛神，因為這麼做，就是剝奪了人類的自由。

自然而然的去愛神，這種自然的要求也會存在壞人的心中，這完全是靠自己的選擇。依據個人的要求，而產生出正反面的結果。

如果拒絕愛，那也是自己行使自由所產生的結果，同時也會為自己帶來更大的痛苦。

我們為鄰居付出，就是我們對愛的一種表示。

——卡塔里娜聖女

　　想逃避鄰居，和神一起獨自生活，選擇在祈禱中逃避一切的人，比比皆是。這是多麼大的錯誤啊！

　　我的祈禱能夠被神很快樂的接受，就是因為祂了解到我和鄰居能夠緊緊團結在一起。如果為了鄰居，而貢獻出自己的心智和工作，那就是愛別人的證明。而我對鄰人的服務，也是向神表示我自己的愛……

　　在我的語言或行為當中，是否對鄰人造成損害呢？

　　通過對鄰人的服務，我更加的了解愛。

Chapter 10 ｜ 愛的羽翼

　　也許你會認為自己在愛撫貓，但事實並非如此，你只是在愛撫自己。

——休謨

　　當我們接近他人時，是因為要付出對他人的愛，還是為了自己，這是很難加以判斷的。我們接受他人的友情或愛情，但同時也付出友情或愛情，所以，我們到底是付出，還是獲得呢？

　　許許多多愛的行為，老實說，就好像戴上假面具的盜賊一樣。譬如說，因為有個人飢餓，而你想要表現出你愛的行為，而把你已經不想吃且印上了牙痕的蘋果丟給他……某個年輕女孩，認為這樣就是愛，但最後她自己卻像被咬一口的蘋果一樣被丟棄了……

　　我很高興能夠把自己的心靈、服務、感情都奉獻出來，這是為了什麼呢？我應該要好好反省才是。

　　我常常會做一些虛偽的事情嗎？

　　我常常會為了求得自己想要的，而對他人服務嗎？

　　對某些人而言，要愛自己的兄弟比愛自己的敵人更加困難。

——約翰‧羅斯德

　　因為敵人常常距離我們很遠，不會帶來立即的麻煩，所以我們可以無視於他的存在。可是兄弟、姊妹、父母、學校朋友、同事等，卻近在我們的身邊。他們的缺點、無理的要求、毛病、懦弱或自卑感，常常會在我們的心中縈繞……

　　於是，羅斯德指出，除了宗教的道德以外，單以博愛的胸懷來考慮，要使人愛自己的兄弟，也是很困難的……

　　以我個人的經驗，對於羅斯德所說的話，我認為如何呢？當我不能把別人看作是我的兄弟時，我的做法是不是不合理呢？

相愛的人，他們能為其他的人建造一座橋樑。

—— 比布衣克

　　許多人認為所謂的愛，就是愛撫或溫柔的言語。可是像這樣的愛，卻無法持續長久，容易動搖，也容易消失……

　　真正的愛，就是兩個人互相結合，而因此為其他人建造了橋樑。因為他們的愛，因此更能夠接受其他的人。兩個人植基在誠實、信賴、尊敬和互助之上，創造兩人美好的共同生活……

　　對他們而言，所謂其他的人，就是指在愛中誕生的孩子們、長久交往的朋友、或是只來一天的客人、失業的鄰居，以及幫助他人建立家庭之愛、從事聖職的人等等。

　　這樣的愛，並不是從結婚那天才開始的，而是在平常的日子裡，就應該要準備好的。

　　對我而言，愛到底是為他人建造的橋樑，還是終點呢？

三分鐘默想

原諒他人，不僅是要使自己遺忘不好的事，而且更重要的是要諦結新的契約，並且充滿希望。

——安德雷‧菲力耶爾

諒解他人，有兩種情況。一種是消極的，就是遺忘，但這是不可能的。因為回憶會不斷浮現在我們的腦海裡。另一種是積極的，就是對於侮辱我們或者使我們受到損害的人，能夠給予他新的機會。也就是和他締結新的契約，並且對那個人仍然抱持著希望。

這個新的契約，不管被對方接受或拒絕，都無關緊要。最重要的是，我們要努力去締結新的契約。

「我已經原諒他了，但是我沒有辦法忘記！」對於說這話的人，我通常會這樣回答：「你不要勉強自己去努力遺忘，但當對方希望你的安慰或幫助時，你還能夠拿出奉獻的精神為他服務嗎？」

「是的！」如果答案真是這樣，那麼你就真正的原諒他人了。

愛情的喪失，是發狂的最初徵兆。

——克洛迪爾

　　某些人，尤其是貧窮的人、可憐的人、已經不會展露微笑的問題人物、沒有幽默感的改革家，以及宗教狂熱的人。這些人都已經算是可悲的人了……

　　正常的人必須有愛和被愛的勇氣。因為人類都有自私的心理，所以必須調和純潔無邪的心，以及蛇蠍心腸才行。

　　「世界上心腸很硬，但精神脆弱的人很多。可是，我們需要的是精神上很堅強，但心腸較軟的人！」瑪里丹曾說過這句話。

　　如果你心中充滿愛，那麼你可以不說：「神在我心中。」而應該說：「我在神心中。」

——紀伯倫

　　神在我心中——這句話並沒有錯。

　　如果我心中真的充滿了愛，那麼就好像感受到耶穌被天父送來一樣，在我的心中能夠感受到祂的神祕壓力。

　　並不是神把我帶到他人的地方去，而是我發自於友愛和自己的愛心，而使自己去追求這種快樂。

　　健全的愛，就好像「我在神心中」一樣。當我能夠進入到神心中時，那種喜悅包圍著我，使我能夠更加去愛別人。

　　如果我看到了被自己所愛的人，那麼我就能付出更多的愛，而且不會知道什麼是不安。

愛的尺度，就是沒有尺度的愛。

——亞格斯‧提努斯

有一句話常常被人應用，可是也常常容易被人忘記——「啊！我永遠愛你，永遠永遠！」

我愛所有的民族，就算是偏遠不認識的民族，我也會愛他們。也就是說，我愛這個世界一切的人！可是，為什麼偏偏對我的鄰居卻例外呢？

對於只要求一片愛情的人而言，我們會說：「我打從心底為了你，什麼都可以給你……可是，下次再說吧！」

就如同商人一樣，會吝嗇付出小小的一點愛，而不斷的計算、斟酌，這種有範圍有尺度的愛，根本是毫無價值的。

燃燒的大火，還比不上溫暖的小火好。

──蘇格蘭俗諺

　　沒有人會在火山口烹調食物，沒有人會在火災的附近跳舞。為什麼在戀愛時，都會被稱作「愛的火焰」呢？

　　真正的愛，應該像小爐子的火一樣那麼溫暖，像鍋子一樣那麼親切。就好像放在窗下的暖氣一樣，不會引起人的注意。它小心謹慎的、柔和的、自制的來調節自己的溫度，如果不是這樣的話，那麼屋子裡的人就會住得不安適了。

　　我的微笑、我與他人握手的方式、我的目光、我的體貼，希望能夠都像溫柔的愛一樣，成為源源不斷的燃料。

Chapter 10 │ 愛的羽翼

　　婚姻就像是一本冗長、厚重的書，只有序文，才是詩。

——俗諺

　　因此，當你感到文章冗長的時候，那麼你就只要讀序文就可以了。

　　或者是把序文當作是指南，在你看書的時候加以閱讀也可以，這樣你就不會認為這本書冗長而乏味了⋯⋯

　　不管我是十五歲，還是五十歲，我對愛的要求都非常多，有時候也很嚴格。

　　我的愛就好像是序文一樣。

三分鐘默想

愛是根本無法計算的。

——亞格斯‧提努斯

在我們現在的社會中，常常會出現很多的估量。

譬如說，工作時間、休假、薪水、我們的消費等等都是如此。甚至在法院，也會一直探索被告的責任。許多的考試，也是為了要評估我們的能力和界限。問卷調查、多種統計，以及百分比，這些絕對性的數字，就是一種評估。

但幸運的是，有些地方卻沒有這些數字的存在。那就是照顧生病子女的母親。對於她徹夜不眠不休的辛苦，以及心中的苦痛，那都是無法估計的。

愛是無法加以衡量的。而且和所愛的人共同度過的時光，也是無法估計的。

可是，為什麼在望彌撒和祈禱的時候，大家還要常常看時間呢？

在愛情與死亡的面前人類都會顫抖。

———海倫庫爾

　　為什麼呢？因為愛和死亡一樣，永遠都會和人相遇的。如果從來沒有顫抖過的人，會讓人懷疑到他是否真的愛過。

　　如果有一個人，為了要讓許多人獲得幸福，而被選出來擔任這項任務。那麼，這是一件多麼可怕的責任啊！可是不論遇到了任何困難，都要以喜悅的心情去承擔這項責任。

　　如果你能這麼想，那麼，創造生命的主人就會給予我們更多的愛，讓我們獲得成功。

　　如果你知道自己和神一樣都擁有愛，那麼就不會感到恐懼。如果你能夠了解到每個人都會經歷這些，那麼，你何不像情人一樣，以輕鬆快樂的態度去面對呢？

〈全書終〉

國家圖書館出版品預行編目資料

三分鐘默想／弦月如歌 主編，三版
‧新北市，新視野 New Vision，2020.12
面； 公分 --
ISBN 978-986-99105-7-6 （平裝）
1.格言

192.8   109014780

三分鐘默想

主　　編　弦月如歌
出　　版　新視野 New Vision
製　　作　新潮社文化事業有限公司
　　　　　電話 02-8666-5711
　　　　　傳真 02-8666-5833
　　　　　E-mail：service@xcsbook.com.tw

印前作業　東豪印刷事業有限公司
印刷作業　福霖印刷有限公司

總 經 銷　聯合發行股份有限公司
　　　　　新北市新店區寶橋路 235 巷 6 弄 6 號 2F
　　　　　電話 02-2917-8022
　　　　　傳真 02-2915-6275

三版一刷　2020 年 12 月